幕末の外交官
森山栄之助

江越弘人

弦書房

目次

第六章　倒れゆく幕府とともに

はじめに

私が、「森山栄之助（多吉郎）」という人物が気になり、調べ始めたのはもう二〇年ほども前になるであろうか。

栄之助（多吉郎）の長女静子の孫にあたる納富《のうとみ》信吉氏に手紙を出し、ご丁寧な返書と貴重な「森山栄之助（多吉郎）日記」のコピーをお送りいただき感激したことは、つい昨日のように覚えている。しかし、お約束の森山栄之助（多吉郎）研究をまとめることもなく、今日に至ってしまった。

これは、私の怠慢もあるが、「森山栄之助（多吉郎）」という偉大な業績を残した人物を研究するには、私自身があまりにも浅学非才であることに起因するものである。幕末、日本が開国するに当たって、森山栄之助（多吉郎）の果たした役割はまことに大きいものがある。そうして、彼の働きに反比例するかのように、その評価は無視され、彼の名は忘れ去られている。

幕末、開国を求めて日本に殺到した諸外国の記録には、必ず森山栄之助（多吉郎）が登場し、彼の人となり、彼の働きを感嘆を込めて書き記している。一方、日本側では、川路《かわじ》聖謨《としあきら》の『長崎日記』

『下田日記』のほかには見ることができない。

このような状況から森山栄之助（多吉郎）という人物が、私にとって荷の重い研究対象であったことも事実である。

このたび、弦書房から長崎のオランダ通詞についての史伝を書いてほしいとの依頼があり、思い切って「森山栄之助（多吉郎）」を取り上げることにした。研究不足ではあるが、これを機会に「森山栄之助（多吉郎）」を知ってほしいという願いとともに、さらに栄之助（多吉郎）研究が深まることを期待して踏み切ったものである。

本書を著すにあたって御子孫にあたる納富信吉氏から「森山多吉郎日記」をはじめ、多数の資料を提供いただいた。多吉郎日記とハリスの日記を比較したり、多吉郎の家族関係を知ることが出来たりしたのはそのお陰だと感謝している。このほか、不十分ながらも「おゆふの離縁状」「楢林量一郎の旅日記」など新資料も入手することができ、少しは森山栄之助（多吉郎）に迫ることができたのではないかと自負している。

なお、森山栄之助（多吉郎）という人物をどのような視点から評価するかという問題であるが、まず第一に、幕末の外交交渉のほとんどに関わり、通訳や条約文の作成にあたったということである。このことについての再評価がなされるべきではないだろうか。第二には、日本における英語研究の草分け的な存在である。これについてはジョン・万次郎が有名であるが、栄之助（多吉郎）もそれに劣らない功績があった。このことについては、英語研究の立場から、いくつかレポートがあるようである。

三番目は、日本初の専門外交官となったことである。幕末期における外交官と言えば外国奉行であるが、栄之助（多吉郎）は、長崎地役人のオランダ通詞から幕臣となり外国奉行を補佐しながら実質的に外交交渉を取り仕切った。身分制度の厳しい江戸時代に、商人の身分から武士、しかも幕府直属の御家人となって外交の最前線で活躍した。幕末という時代が、森山栄之助（多吉郎）という才能を要求したのである。

以上のような視点から、森山栄之助（多吉郎）という人物を評価していくことが、幕末から明治にかけての時代を正しく理解することにつながるのではないかと考える。そうしてそれは、昭和のカタストロフィ＝日本の敗戦を導いた明治体制の再評価につながることになる……とは、大げさであろうか。

平成の今日に至っても、明治の残滓を拭いきれないでいる我々日本人にとって、江戸から明治への過渡期に奮闘した、明治には敗者と評価された人物たちを再評価することは決して無意味なことではない。

最後に、本書では森山栄之助とともに「多吉郎」の名前も出てくる。これは、森山が江戸に出て幕臣となってから多吉郎と改名したためで、それ以前は栄之助と呼んでいた。資料の中にも混同して記されているものもあるが、本書では原則的に、安政四年（一八五七）に森山がハリスと交渉を行なうようになってから以後を「多吉郎」としている。

第一章　外交の武器、言語――オランダ語から英語へ

無視され続けてきた森山栄之助

森山栄之助は、知られていない男である。栄之助は、日米和親条約、日米修好通商条約を始め諸外国との和親・通商条約等の締結にあたって、首席通訳官としてそのほとんどに関わってきた。

諸外国の記録には森山栄之助、後に多吉郎と改名したが、その名は、高く評価され記憶されている。しかし、日本においては、その歴史において栄之助の名が語られ、評価されることはない。むしろ、忘れられている、と言うべきであろうか。

森山がただ一介のオランダ通詞であり、その働きとは、単なる通弁であり、取るに足らないということなのであろうか。ともかく、森山栄之助の名は忘れ去られてしまっている。

しかし、日本が長い鎖国を打ち破って世界の仲間入りをするという歴史的な快挙に対して、森山栄之助が果たした役割はあまりにも大きい。何故、我が日本では森山を無視し、忘れ去ったのであろうか。その理由は、これからも繰り返し力説するのであるが、徳川幕府が幕末期に結んだ通商条約に対する不当とも言える過小評価に由来するものだと考えている。このことについては後に譲ることにして、森山が、数多くの条約を締結するにあたって大きな役割を果たすことができたのは、彼のたぐいまれなる語学力にあった。

森山栄之助は、長崎のオランダ通詞出身である。後に取り立てられて幕臣となったが、森山の話すオランダ語は、オランダ人より流暢だと言われ、諸外国との条約作成は森山の通訳・翻訳なしには出来えなかった。さらに、アメリカやイギリスとの交渉を円滑に進めることができたのは、日本人らしからぬフランクな態度と自在とは言えないまでも彼が操る英会話にあった。

鎖国していた当時、日本人が必要として学んでいた外国語は、中国語とオランダ語であった。それも、長崎の唐通事やオランダ通詞たちによって学ばれていたが、森山は、オランダ通詞でありながら、さらに英語についても仲間の通詞たちとともにその習得に努めていたのである。

当時、英語を自由に操ることができたのは、ジョン・万次郎こと中浜万次郎であった。万次郎は、若い頃漂流しアメリカで暮らしていたので、英語ができる貴重な人材として幕府に登用されていた。それに対し、森山は、長崎の地でこれから先、英語が必要になる時代が来ると見越して通詞仲間とともに自力で英語習得に努めていたのであった。

日本と英語の出会い

日本に初めて渡来してきたイギリス人は、オランダ船リーフデ号の操舵手ウイリアム・アダムスである。それから十三年後の慶長十八年（一六一三）五月五日、イギリス船グローブ号が平戸に入港してきた。グローブ号に乗組んでいた人数は七十名。イギリス人六十三名、日本人、イスパニア人各一名と黒人奴隷五名で、途中の航海で十一名を失っていた。

アダムスは、イギリス人ではあったがオランダ船の一乗組員で、日本人との会話は恐らくポルトガル語で行なわれたものと思われる。オランダ語はもちろん英語も、当時の日本人の中には話せるものはいなかったはずである。

グローブ号は、平戸入港の前日、天草沖で四隻の漁船と出会い、平戸への航路を訊ね、二人の船頭に水先案内を依頼した。この時、司令官セーリスは、どのような言語で日本人たちと意思を通じさせたのであろうか。実はセーリスは、日本渡航のために通訳を一人用意していた。

グローブ号に乗組んでいた日本人が通訳で、彼は、マレー半島のバンタムで雇われて乗船していたのである。しかし、ジョン・ジャパンと呼ばれた彼は、マレー語で通訳したとセーリスは書いている。また、同乗していた一名のイスパニア人も通訳として雇っていたもので、恐らく、ポルトガル語と日本語が出来た人間であったと思われる。

　セーリスたちの日本来航にあたって、最も頼りにしたのは在日十三年におよぶウイリアム・アダムスで、三浦按針と名乗っていた。セーリスは、八月に駿府へ行き、徳川家康に謁見し通商許可をもらい、十月には、平戸に商館を開いている。この時、セーリスの大きな力となったのが家康お気に入りの三浦按針ことアダムスで、通訳ばかりでなく、イギリスに有利なように働いたものと思われる。

　しかし、アダムスは、イギリス商館の使用人ではなく、幕臣であり朱印船を運用する事業家でもあった。また、オランダ人とも親しくしていた。イギリス人が家康と謁見する時には、アダムスの英語力が大いに役立ったと思われるが、平戸イギリス商館の経営には、アダムスの力を活用することが出来なかった。

　平戸イギリス商館の初代の館長となったリチャード・コックスは、日記の中で商館に雇われた通辞(注)の動向を記している。ジョン・ジャパンは、平戸上陸の後に商館に寄り付かなくなり解雇したこと、シモンという通辞も放逐したと書いている。また、ミゲルとジョン・ゴレサンという二人の男が通訳として使用されていることが記されている。

　イギリス人たちは、通辞運に恵まれなかったようで、ミゲルについては「わが通訳ミゲルが悪辣で、(中略)ただ必要上止むを得ず黙認しているだけのことである。しかし、私としてはその必要もないので、この悪党をその悪行を理由に放逐するつもりである」と日記に書きながら、その後もミゲルを使い続けている。同じように、ゴレサンもトラブルメーカーで、妻と別れる別れないと大騒ぎをして周囲を捲き込んだり、人の悪評を広めたといって命を狙われたりしている。また、ある日の日記には「通訳のジョン・ゴレサンがシナ頭人アンドレア・李旦と喧嘩した。この通訳は口汚い男で、誰とでも喧嘩をする。また、シナ頭人はあまりにも気が短かすぎる」と嘆きながらも使い続けなければならなかった。

コックスの日記には、外国人通訳の存在も明らかにしている。平戸藩の家臣スキダイエン殿が、その通訳のニコラス・マルティンと一緒にイギリス商館に来たと書いているところをみると、当時は様々な人間が日本人と外国人の間の意思疎通をする役を持って動いていたことがよく分る。

グローブ号に乗組んでいたジョン・ジャパンという日本人は、マレー語を操っていたが、初めてイギリス船が日本に来航してきた江戸時代の始め頃、主に何語が使われていたのであろうか。ニコラス・マルティンがどこの国の人間か分らないが、ポルトガル船が入港していた長崎では、ポルトガル語、オランダ船の来航地平戸はオランダ語を使う通辞がいたのではないだろうか。

コックスの日記の中で興味深い記事がある。元和元年（一六一五）夏のある日、「日本人の裁縫師の妻が紙を贈物として持参した。彼女はスペイン語を話し、夫のために仕事を与えて欲しいと求めた」というのである。

日本人の女性がイギリス商館に赴き、スペイン語で会話をしてイギリス人に通じているのである。

なお、商館員の一人で江戸勤務であったリチャード・ウイッカムは、長崎からオランダ通訳ザンザブローを連れてきて使用していることや、平戸商館内ではニールソンが女通訳を使っていることが商館員の手紙の中に出ている。女通訳とは、先ほどの裁縫師の妻であった人物かも知れない。

いずれにしても、イギリス人たちは、オランダ語やスペイン語、ポルトガル語、さらにはマレー語などが出来る日本人を頼りにしていたのである。

イギリス平戸商館は、一六一三年から二十三年までの十年間存在していた。英語が通訳の言葉として受け入れられるには短すぎるように思われる。片言の英語を話す日本人が出てきたかも知れないが、イギリス人が平戸を去ると、それもすぐに忘れ去られてしまった。

それから再び、イギリス船が日本に来航してきたのは五十年後の延宝元年（一六七三）のことであった。再び日本との交易を求めてリターン号が長崎港に姿を現したのが五月二十五日、一月後、幕府から拒否の回答を受けて空しく長崎港を出帆していった。

イギリス船リターン号の人々と日本人とは、何語を使って意思疎通を図っていたのであろうか。当然、英語を使える日本人は誰一人いなかった。ポルトガル人が追放されてから二十四年、この頃には、ポルトガル語でさえ、使える通辞は加福吉左衛門のような老通詞しかいなかった。

リターン号での対話は、オランダ語やポルトガル語が出来るイギリス船員とポルトガル語を覚えている老オランダ通詞との間で交わされたのであった。

それから一三五年、日本にはイギリス人やイギリス船が絶えて来ることは無かった。

＊注　通訳にあたる人間を、通辞と呼ぶが、長崎でのオランダ語の通訳は「オランダ通詞」と言い、中国語の通訳を「唐通事」と使い分けていた。

フェートン号事件と英語

この事件は長崎奉行松平図書頭の引責切腹という悲劇で幕を閉じたが、幕府の目を世界に向けさせるきっかけともなった。幕府は、フランス語、英語、ロシア語の重要性に気付きオランダ通詞たちに学習を命じた。

十八世紀の終り頃から、世界情勢は大きく動き、フランス革命によりヨーロッパは大きく揺すぶられた。イギリスは産業革命を成し遂げ、有り余る工業製品のはけ口を植民地に求めた。アメリカも独立し、ここに一挙に世界は泡立ち始めたのである。日本はまだ鎖国の中で泰平の夢を貪っていた。その夢を突いたのが、文化元年（一八〇四）のロシア使節レザノフの長崎来航であり、文化五年（一八〇八）のイギリス軍艦フェートン号の長崎港侵入であった。長崎港に侵入したフェートン号は、オランダ商館員を拉致し、威嚇した。息詰まる雰囲気の中での交渉は、オランダ語を仲介としたたどたどしい話し合いしかできなかった。

これらの刺激は、幕藩体制の見直しという所までには至らなかったが、幕府は、オランダ・中国以外の国々の動きにも着目し、フランス語・イギリス語・ロシア語などの研究にも着手するようになった。

その成果が日本最初の英語辞書『諳厄利亜（アンゲリア）語林大成』で文化十一年（一八一四）にオランダ大《おお》通詞本木正栄（庄左衛門）を中心とする通詞団によって完成した。

この『諳厄利亜（アンゲリア）語林大成』は、当時出島商館のヘトル（次席）であったヤン・コック・ブロムホフの指導のもとに、大通詞本木庄左衛門正栄を主任に楢林栄左衛門、吉雄権之助、馬場為八郎など長崎の優秀なオランダ通詞たちで作成したものであった。

しかし、地元長崎では、英語学習熱が冷めるのは意外にも早かった。その理由の一つに、『諳厄利亜（アンゲリア）語林大成』が完成した翌年、本木庄左衛門とオランダ商館長ヘンドリック・ヅーフとの間が気まずくなり、庄左衛門は半ば強引に退職させられてしまったことがある。

ヅーフは、文化十年（一八一三）と十一年（一八一四）の二度イギリス船が、オランダ船と偽って来航し「出島」をイギリス側に引渡すように要求した時、長崎奉行には知られないように大通詞たちの協力を得て、その難局を乗り切ったことがある（注）。

その時、庄左衛門はイギリス側に立っていたために、オランダ商館長との折り合いが悪くなっていたのであった。その本木庄左衛門が文政二年（一八一九）に五十六歳で亡くなっている。五年前にイギリス派の名村多吉郎と本木庄左衛門が退職させられてから、長崎では再びオランダ語熱が高まった。通詞たちは、商館長ヅーフの熱心な指導により蘭日辞書（蘭和対訳字書または、御用紅毛辞典。一般に「ヅーフハルマ」または「長崎ハルマ」といわれる）の作成に熱中していた。

出島在留十八年のヅーフは、文化十四年（一八一七）に新商館長ブロムホフと交代して日本を去って行ったが、長崎の通詞たちは中山得十郎（後に作三郎と改名）と吉雄権之助を中心に蘭日辞書の作成を続けた。

栄之助が生れたのは文政三年（一八二〇）で、その頃は、英語やフランス語よりも蘭日辞書の完成に全ての関心が奪われていた。この辞書は、実に二十三年もの歳月を掛けて天保四年（一八三三）十二月に完成し、『ヅーフハルマ』と呼ばれて、その後の蘭学の発展に大きく寄与したのであった。

＊注　イギリス、出島商館乗っ取り画策事件　文化十年と十一年（一八一三・一四）ジャワを占領したイギリスは、出島を乗っ取ろうとオランダ船を装ったイギリス船を長崎に入港させた。これに対し商館長ヅーフは、オランダ通詞たちの協力を得て、秘密裏に拒絶し、オランダ船として取り引きを行ない帰した。

栄之助と英語

ヅーフハルマが出来上がった時、栄之助は十三歳になっていた。恐らく稽古通詞となってオランダ語の学習に励んでいた頃であったと思われる。栄之助のオランダ語は非常に流暢で、正確であったと言われるが、ハルマ作成には直接係わらなかったが、矢張り大きな影響を受け、得るところがあったのではないだろうか。

長崎が『ヅーフハルマ』に関心を奪われていた頃、日本各地にはイギリス船やアメリカ捕鯨船、ロシア船などの来航が相次いでいた。イギリス船は文化五年（一八〇八）のフェートン号以後、文化十四年（一八一七）、十五年・文政元年（一八一八）、文政五年（一八二二）と立て続けに浦賀に入港した。また、文政七年（一八二四）には常陸国大津浜と薩摩の宝島にイギリス捕鯨船の船員が上陸して大騒ぎになった。それから文政八年（一八二五）陸奥沖で、天保二年（一八三一）には東エゾ地で、翌三年は琉球でイギリス船が姿を見せている。天保八年（一八三七）、栄之助は十七歳になった。この年はアメリカ船モリソン号が浦賀と薩摩の山川に入港し、ともに砲撃を受けた。

頻発する異国船の来航、それらはほとんどイギリス・アメリカなど英語圏の国々の船であった。幕府が、相次ぐ異国船の来航に苦慮し、文政八年（一八二五）に異国船を見かけたら砲撃を命じる、いわゆる「無二念打ち払い令」を発した。この世界情勢に逆行するような幕府の処置にたいして、国内の先覚者たちは、日本の将来を憂え、幕府を批判するようになった。これにたいし幕府は文政十一年（一八二八）のシーボルト事件（注一）、天保十年（一八三九）の蛮社の獄（注二）、天保十三年（一八四二）の高島秋帆事件（注三）でいわゆる蘭学者と呼ばれる人々を投獄するという弾圧を加えた。

森山栄之助は、オランダ通詞の後継者としてオランダ語を学ぶ最高の環境の中に身を置き、世の中の大変動の前兆をしかと見つめながら成長期を過ごしていたのであった。

記録を見つけることが出来ないが、栄之助は、オランダ語の猛勉強を続けながらも、これからは英語も必要になることを感じ取っていたに違いない。天保十四年（一八四三）、二十三歳の栄之助は、浦賀詰通詞として出張を命じられた。江戸や浦賀に出張を命じられるのは、優秀な若手の通詞であることの証であった。

栄之助が命じられた浦賀詰は、語学の天才として名声を馳せた馬場佐十郎が文化五年（一八〇八）に、江戸の天文台詰通詞として赴任し、浦賀に異国船が来航した時には通訳として出張するという形で始められた。佐十郎の時には、文化十四年（一八一七）と文政元年（一八一八）の二年続きでイギリス船が浦賀に来航している。

馬場佐十郎が三十六歳の若さで急死した後は、彼に劣らないと評された吉雄忠次郎が江戸天文台詰兼浦賀詰通詞に任命された。文政七年（一八二四）に常陸国大津浜にイギリス捕鯨船員が上陸した時には、忠次郎が駆けつけ通訳として対応している。

忠次郎は、大津浜の一件が終わった後シーボルトの研究に協力するために長崎に戻っており、その後は、猪股源三郎（文政九年〈一八二六〉～文政十一年〈一八二八〉）、名村三次郎、（文政十二年〈一八二九〉～天保三年〈一八三二〉）、名村貞四郎（天保三年〈一八三二〉～天保六年〈一八三五〉）、堀専次郎（天保六年〈一八三五〉～天保九年〈一八三八〉）、荒木熊八（天保十年〈一八三九〉～天保十二年〈一八四一〉）、品川梅次郎（天保十二年〈一八四一〉～弘化四年〈一八四七〉）、吉雄作之丞（弘化四年〈一八四七〉～嘉永三年〈一八五〇〉）、堀達之助（嘉永五年〈一八五二〉～二度目、その後は長崎に戻らない）などの若手が起用されている。

　森山栄之助が浦賀に出張したのは、天保十四年（一八四三）で、長崎に戻って年番小《こ》通詞を勤めたのが弘化二年（一八四五）であったから足掛け三年の出張で、天文台詰通詞という記録は無いがやはり江戸と浦賀の掛け持ちであったのだろう。なお、天文台詰通詞と浦賀詰通詞の掛け持ちは異国船の来航が増えると、後では二人づつ任命されているようである。

　ちなみに、ペリーが嘉永六年（一八五三）に江戸湾に来航して来た時、最初にアメリカ軍艦に漕ぎ寄せ、英語で「私はオランダ語を話せる」と語りかけ、オランダ語のできる乗組員を探した通詞は堀達之助であった。彼は、弘化三年（一八四六）に江戸詰となり、翌弘化四年（一八四七）に赴任した吉雄作之丞と共に嘉永二年（一八四九）まで勤務している。なお、吉雄は、翌三年に長崎へ戻っている。達之助は、三年後の嘉永五年（一八五二）に再び江戸詰を命じられ、ペリーの来航に巡り合ったのである。

　話は戻るが、栄之助が長崎へ帰る年の弘化二年（一八四五）三月、浦賀にアメリカ捕鯨船マンハッタン号が二十二名の日本人漂流者を乗せて入港してきた。前年に「無二念打ち払い令」を撤廃し「薪水給与令」を出していた幕府は、漂流民の引き取りは長崎でという掟に対し、人道的な特例として漂流民を浦賀で受け取った。この時に通訳をしたのが栄之助であった。オランダ語がろくに通じない捕鯨船員に対して片言の英語と身振り手振りで何とか役を果たしたようである。マンハッタン号の船長クーパーは、栄之助について「英語も少しばかり解するが、ジェスチャが甚だ巧みである」と言っている。

栄之助が初めて実物の英語に接したのは、これが初めてであった。恐らく、オランダ語の修練を積む傍ら、英語についても先人が残した『諳厄利亜（アンゲリア）語林大成』をひも解いたり、オランダ商館長に尋ねたりしてそれなりの勉強をしていたことが窺える。

しかし、ともかくも通弁の用を達することが出来たのは、栄之助の片言の英語ではなく、二十二名の漂流民の手助けもあったのかも知れない。

初めてのアメリカ船の来航ではあったが、クーパー船長の穏やかな人柄もあったのか、浦賀奉行は、和やかな雰囲気の内に特例としてこの浦賀で漂流民を引き取り、マンハッタン号に白米二十俵、つき麦二十俵、薩摩芋十三俵、鶏五十羽、松薪二百把、その他水、野菜などを贈っている。この時、通弁をした栄之助は小通詞並《なみ》であったが、帰崎して小通詞として年番を勤めたのは、マンハッタン号での働きが認められたのかもしれない。

マンハッタン号の来航で、帰国が遅れた栄之助ではあったが、長崎では父源左衛門と忙しい年番通詞の仕事が待っていた。年番通詞は忙しい仕事ではあったが、通詞団を代表して商館長と長崎奉行との連絡、入港したオランダ船の諸手続きなどを行い、手当て料（加役料）の額も大きなものがあった。

通詞などの長崎地役人の給料は、受用銀といってその家に与えられる禄のようなもので、森山家には、父源左衛門の大通詞としての受用銀十一貫目（金にして約二百両、金一両は銀六十目替えが公定相場であった。また、一貫目は銀一〇〇〇目である）であった。栄之助は小通詞であるから、五貫三百目はもらえるはずであるが、受用銀は家に下されるので、栄之助は無給であった。しかし、役料は個人につくので、年番料として大通詞の源左衛門にはさらに二十四貫七百目がつき、栄之助には年番小通詞として十二貫九百目がもらえたのである。特別な仕事（加役という）に付くと付かないかでは、収入に大きな差があった。しかも、受用銀の額は江戸時代を通して殆んど変わらなかったため、江戸時代も後期になると物価騰貴により、長崎地役人のほとんどが生活難に苦しんだ。

六十八歳の源左衛門に年番大通詞の大役を二年続けて勤めることが出来たのは、前年、弘化元年（一八四四）にオランダ国王の使節コープスが乗った軍艦パレンバン号が長崎港に入港した時、大通詞楢林鉄之助と年番大通詞の源左衛門が中心となって通訳・応対した功績が物を言ったのであろう。

栄之助親子が年番通詞を勤めた弘化二年（一八四五）と翌三年には、異国船の入港が相次いだ。弘化二年七月にイギリス測量船サマラン号が長崎港に入港し、九州各地の諸藩から兵士が駆けつけるという騒ぎになった。又翌年の六月には三隻のフランス艦隊が入港し、これまた大騒ぎになり、今度は言葉が通じないのでフランス語を話せたオランダ商館長レフイスゾーンを煩わすという結果になった。このように当時は、オランダや中国以外の国からの船が来航することは許されないことであったので、このような時には、長崎港の周囲には、九州各地の諸藩から軍兵が駆けつけ守ったのであった。

一方、浦賀にも弘化三年（一八四六）五月、アメリカ東インド艦隊司令長官ビットルが二隻の軍艦で来航し、通商を求めた。この時も大騒ぎになったが、栄之助と入れ替わりに浦賀詰めになっていた堀達之助が通訳を勤め、平穏のうちに出港していった。

弘化元年（一八四四）にオランダ国王ウイルヘルム二世が「もう鎖国を続けている時代ではない。このままでは阿片戦争の二の舞になる」と親切に勧告してきたのを、『鎖国の御定法』に縛られた幕府は、にべも無く拒否をした。泰平の世の中は、体制を錆付かせており、物事を変えようにも変えられなかったのである。

老中阿部伊勢守正弘以下幕閣が世界の動きを知りながら、あたかも立ち竦んだように身動きできなかった時、己の職能の問題として、新しい課題に立ち向かっていたのがオランダ通詞たちであった。通詞たちは、世界各地から来航してくる外国人を通して最先端の世界情報に接していた。危機感も幕府の役人たち以上に持っていたであろう。彼等は、勤皇の志士たちのようには声を挙げなかった。しかし、これからは諸外国と意思疎通の手段をしっかりと持つことが何より大切であると認識していた。

森山栄之助が生れたのは、文政三年（一八二〇）。初めてイギリスを日本人に強烈に印象付けたフェートン号事件は、その十二年も昔のことであった。生まれ、育った頃には、英語学習の熱も冷めてはいたが、しかし、心ある通詞は、イギリスやフランス、ロシアの恐ろしさ、又、その言語学習の大切さを知り、若い通詞たちに語って聞かせたのではあるまいか。

栄之助の語学勉強の最中に、シーボルト事件、高島秋帆事件が起こったのも、かえって、反動勢力への反発と共に語学研究への炎をさらに燃えさせたのであろう。栄之助は、何も語っていないが、嘉永元年（一八四八）に二十八歳の栄之助が、アメリカ捕鯨船員ラナルド・マクドナルドから英会話を夢中になって学んだのは、突然の気まぐれではなかったはずである。

＊注一　シーボルト事件　文政十一年（一八二八）、帰国しようとしていたシーボルトが、伊能忠敬の日本地図や葵の御紋入りの羽織など国禁の品々を多数持ち出そうとして発覚し、オランダ通詞など関係する日本人が多数処罰された事件。

＊注二　蛮社の獄　蘭学者の高野長英や渡辺崋山らを幕府を批判したという理由で逮捕し、終身禁獄や蟄居を命じた事件。

＊注三　高島秋帆事件　長崎の西洋砲術家高島秋帆を謀叛の疑いで逮捕し、多くの人々が連座した。冤罪であった。

マクドナルドとの出会い

森山栄之助たち十四名のオランダ通詞に日本で最初に英会話を指導したのは、ラナルド・マクドナルドというアメリカ捕鯨船の船員であった。マクドナルドは、アメリカ先住民チヌーク族の族長の娘とハドソン湾会社社員のイギリス人アーチボルト・マクドナルドとの間に生れたが、生れてすぐに母を亡くし、養母に育てられた。

成長すると銀行に勤めるようになったが、アメリカ先住民インデアンの血が騒いだのか、それとも混血児というアメリカ社会での疎外感がそうさせたのか、当時の神秘の国ジャパンに憧れ、どうしても行ってみたいという衝動に突き動かされた。

マクドナルドは、船員となって各地を放浪した末、ニューヨークで捕鯨船プリマス号に乗せてもらった。一八四五年（弘化二年）暮れのことで、マクドナルド二十一歳の時であった。サンドウィッチ諸島（ハワイ諸島）に着くと、ここで正式に捕鯨船員として契約したが、この時、マクドナルドは奇妙な条件を付けた。それは、積荷が満杯になった時か、帰航する時に、日本の近海の希望する場所で自由に船を離れることが出来るという条件であった。

プリマス号は日本近海で鯨を取り、一八四八年（嘉永元年）には、とうとう満杯になってしまった。マクドナルドはエドワーズ船長に契約の履行を迫り、小さなボートを譲り受け、利尻島付近に遭難を装って辿り着いた。マクドナルドが浦人の助けで利尻島野塚に上陸したのは、日本の暦で嘉永元年六月二日（一八四八年七月二日）であった。

蝦夷地の支配を任されていた松前藩では、江戸からの指示でマクドナルドを藩の御用船天神丸に乗せて、九月五日長崎に送った。長崎港に着いたのが九月十五日、順風に恵まれた天神丸は、松前から十日で到着したのであった。

長崎奉行に引き渡されたマクドナルドは、奉行所に程近い諏訪神社の流鏑馬馬場《やぶさめばば》に面した黄檗宗《おうばくしゅう》崇福寺の塔頭「大悲庵」に収容されることになった。

実は、その一月ほど前にも十五名のアメリカ捕鯨船員が松前から送られて来ていた。彼等は捕鯨船ラゴダ号の乗組員で海難により松前近くに上陸した。松前藩も幕府も知るよしもなかったが、船長と争い乗っ取りに失敗して三艘のボートに分乗して上陸してきたのであった。気性の荒い船乗りたちは、数々のトラブルを巻き起こしながら八月五日に長崎港に着き、黄檗宗興福寺境内の塔頭「資福庵」に収容された。彼等は、資福庵に収容されてからも、脱走事件や喧嘩、果ては自殺（実は船員仲間による殺人だった）などを起こし、奉行所をほとほと困らせた。そこで牢に入れるなどの厳しい取扱をした。このことが漏れ伝わり、世界中に報道された。アメリカでは、日本が海難漁船員を虐待しているとの批難の世論が沸騰した。

一方、大悲庵のマクドナルドは、長崎に収容されているなどとは、全く知られていなかった。そうして、マクドナルドは、座敷牢の中でごく少数の日本人と接しながらも穏やかな日々を過ごし、日本語を覚え、交流しようという姿勢を示していた。

森山栄之助が浦賀から帰った年の弘化三年（一八四六）には、フランス艦隊が長崎港に入港してきた。翌弘化四年（一八四七）には、アメリカ捕鯨船ローレンス号の船員七名、さらに次の年には、ラゴダ号の十五名とマクドナルドが立て続けに長崎に送られて来た。栄之助は、それらのいずれにも中心となって通訳を担当した。オランダ商館長レフィスゾーンの手助けもあり何とか勤めを果たすことができたが、オランダ語はともかく、英語力の乏しさ、特に会話力が無いことを痛感した。

ラゴダ号の乗組員たちが心を開かず乱暴ばかりするのも、自分たち通詞の英語がつたなく、心を通わせることが出来ないからだと責任を感じていた。それよりも、遭難して日本に辿り着いた人間にたいして犯罪者のように取り扱うという日本の、幕府の施策に多くの責任は着せられるべきであろうが、栄之助は、自分の貧しい英語力に何としても歯痒い思いをしていた。

同じ物事でも、悪意を持っている場合と、好意をもって受け止める場合は、評価が一八〇度違ってくる。マクドナルドは、栄之助に最初に出会った時から、好意を持ち、彼の英語も変な訛りはあるが素晴らしいと評価している。

二人の最初の対面は、天神丸入港の翌日の九月十六日であった。長崎奉行所の与力白井達之進は、通詞の植村作七郎と森山栄之助を連れて、高鉾島の前面に停泊している天神丸に乗り込んできた。始め、白井達之進は植村作七郎に、マクドナルドの名前を聞かせた。作七郎が、英語で尋ね、マクドナルドが答えると、後は、栄之助が全てを通訳した。

この最初の出会いについてマクドナルドは、後日の『日本回想記』に次のように記している。「彼は、私が日本で会った人のなかで群を抜いて知能の高い人だった。彼は、青白い考え深げな顔つきで、人を射るような黒い眼をしていた。その眼は、魂のなかまで探り出し、あらゆる感情の動きを読み取るように思われた。彼の英語は非常に流暢で、文法にかなってさえいた。発音の仕方は独特だっ

森山栄之助（多吉郎）
――『オイレンブルグ日本遠征記』から

たが、日本語とは異質な文字と綴りの組合わせを、おどろくほど見事に駆使していた」

栄之助の英語は、恐らくオランダ訛りが非常に強かったのであろう。また、抽象的な言葉もマスターしていなかったのであろう。マクドナルドが、自分から進んで捕鯨船を離れ、日本に潜入したことを隠すために、「船長と揉め事があったためにボートで船を離れた」と言った時、「揉め事」＝「ディフィカルティ」が分らず、所持していた『蘭英事典』を差し出して、「その単語を教えてくれ」と言っている。

栄之助が、十三名の通詞たちと大悲庵で英語を学び始めたのは、マクドナルドが長崎に送られて来てからひと月程たった十月の半ば頃であった。人柄もよく、日本語を学ぶことに非常な興味を示しているマクドナルドから、本格的なアメリカンイングリッシュを学びたいと、通詞目付の本木昌左衛門(注)を通して奉行所に願い出た。英語学習の必要性を痛感していた長崎奉行井戸対馬守覚弘《さだひろ》は、大いに喜び、通詞目付の本木と目付助の西与一郎を世話役として、英語学習グループを結成させ、用務の間には大悲庵へ行って学ぶことを許した。

英語学習の十四人の通詞は、マクドナルドの記憶によると、西与一郎、植村作七郎（七十四歳）、森山栄之助（二十八歳）、西慶太郎、小川慶次郎、塩谷種三郎、中山兵馬（十八歳）、猪股伝之助、志筑辰一郎（十七歳）、岩瀬弥四郎、堀寿次郎、茂鷹之助（十九歳）、名村常之助、本木昌左衛門（四十八歳）であった（その他の人物の年齢は不明）。

学習は、大悲庵の座敷牢の格子を挟んで行なわれた。マクドナルドが牢の中で、英語を音読すると、格子の外側に並んで座っていた通詞たちは、一人一人順番に音読した。マクドナルドは、その都度発音を訂正し、そうして出来るだけ、彼が覚えた日本語でその意味などを説明した。それでもどうしても文字に書かなければ理解できないような時には、栄之助が中に入って蘭英辞書で確認したり、紙に書いたりして通詞たちに閲覧させた。

この学習は、通詞たちとマクドナルドの熱意があいまって急速な進歩を見せた。マクドナルドは書いている。「彼等は文法などの面でかなり上達した。特に森山がそうだった。ということは、彼等が進んでそれを私から学び取ったということだ。彼等は大変のみこみが早く、感受性が鋭敏であった。彼等に教えるのは楽しみだった」

栄之助たち通詞とマクドナルドとの熱心な、そうして奇妙な日本最初の英語学習は、翌嘉永二年（一八四九）三月二十五日にアメリカ軍艦プレブル号が入港して来るまでの僅か七ヶ月であった。

＊注　本木家の系譜
本木栄久（庄太夫・良意）——良固（仁太夫）——良永（栄之進・仁太夫）——正栄（庄左衛門）——久美（昌左衛門）——永久（昌造）

プレブル号での栄之助

アメリカ軍艦プレブル号は、アメリカの世論に押されたアメリカ政府の「速やかに長崎に出向いて虐待されている遭難船員十五名を引き取るように」という命令を受けて来航したものであった。最初から敵意に満ち、その対応はトゲトゲしたものであった。

四十一年前のイギリス軍艦フェートン号事件のことが思い出され、長崎奉行は、早飛脚を江戸に出し、近隣の諸藩に出兵を催促した。しかし、長崎の警備がととのうには数日が掛かる。長崎奉行井戸対馬守は、プレブル号来航の真意を探るため、これまで英語を熱心に勉強していた栄之助を「アメリカ語心得通詞」として奉行所の与力とともにプレブル号に向かわせた。

艦長グリン中佐は、最初から激しい口調で「十五名の漂流者を直ちに引き渡せ。さもないとこちらにも考えがある」と強硬な態度で迫った。栄之助は、マクドナルド仕込のアメリカ語で、奉行所が十五名の乗組員にとった態度に就いて釈明し、一名は自殺し、一名は手厚く看病したが、病死してしまったことを話し、さらに、十三名のほか別にあと一名を収容していることを告げた。栄之助の説明でグリン艦長は穏やかになったが、ともかく一刻も速く引き渡すように再三催促した。

引渡しが遅れた訳は、これまで遭難者は、オランダ商館に預け、オランダ船でバタビアに送ってから、それぞれの国へ帰すというのが、幕府のやり方であった。それを、引取りに来たからといって、直接、アメリカ軍艦に渡すのは、江戸からの許可が必要ではないかとためらっていたからであった。

結局、オランダ商館長の助言により、十四名をいったん出島に入れ、そこからプレブル号に乗せることにした。これならば、江戸からの指示を待つことも無く、速やかに処理できるのではないかと考えたのである。

こうして四月五日、プレブル号はラゴダ号の十三名とマクドナルドを乗せて、長崎港を出帆していった。虐待の噂、二名の船員の死、遅れる引渡しなど、アメリカ側の悪感情などもあり、一歩間違えば大きな事件になりかねなかった事態をともかくも穏やかに収めることが出来たのは、ひとえに栄之助の巧みな通訳によるものであった。

この一件で、幕府（長崎奉行所）の栄之助への信頼が一気に高まった。これから後、幕府は外国との事が起こる度に森山栄之助を頼りにするようになったのである。

第二章　見えない森山栄之助像

謎の息子森山幸之助

今日、森山栄之助（多吉郎）の子孫に、長男栄之助につながる森山家の人々と、長女静子につながる納富家の人々が神奈川県にいる。実は、多吉郎こと栄之助は二十二歳の時、天保十三年（一八四二）に幸之助をもうけている。その母、つまりその時の栄之助の妻は分っていない。

ところが、幸之助が生れる一年前に栄之助は、おゆふという女性と離縁している。このことは、森山栄之助（多吉郎）の伝記のなかには全く記されていないが、長崎県立図書館に栄之助の署名入りの離縁状（去状）が残されているので、栄之助がおゆふと結婚していて天保十二年の二十一歳の時、離縁したことは確実である（巻末の資料参照）。

また、幸之助が、栄之助とおゆふが離縁した翌年生れであることは、慶応元年（一八六五）の長崎地役人の分限帳に幸之助が二十三歳であることが明記されていることから分っている。なお、安政元年（一八五四）に栄之助が御用向きで格別に骨折ったので、幸之助に新規受用銀三貫目が与えられている。そうして、文久元年（一八六一）には小通詞末席になったと記録されている。このことから、幸之助は天保十三年に生まれており、母親は、前年に離縁したおゆふであった可能性もある。

確たることは言えないが、栄之助は、何らかの理由でおゆふを離縁した。しかし、妊娠していたおゆふは、離縁後幸之助を出産した。そこで森山栄之助は認知し、養子として引き取り育てたのかも知れない。なお、栄之助の父親森山源左衛門はこの年六十五歳で大通詞を勤めていた。母親のお龍は五十四歳であった。

森山幸之助は、明治になって上京し、語学で活躍していたことが僅かな記録で分っているが、子孫の方が今日居られるかどうかは全く不明である。森山家も納富家も、是まで幸之助の存在については全く把握しておらず、従って幸之助家との交流は無い。

このように、森山栄之助（多吉郎）の経歴についてはまだまだ不明なところが多いが、それは明治維新後、新政府に仕えることもなく、明治四年に幼い子供たちを残して五十一歳で突然亡くなってしまったことにもよるのであろう。

では、謎の多い栄之助（多吉郎）の経歴の中で特に資料が乏しい若い頃の栄之助（多吉郎）の姿を探ってみることにする。

栄之助は、オランダ通詞としては比較的後発の森山家の一人息子として文政三年（一八二〇）六月一日に長崎の馬町に生れた。父は茂七郎（後に源左衛門、当時四十三歳）小通詞末席《まっせき》であった。母は龍三十二歳、姉に十一歳の美祢がいた。待望の後継ぎがやっと生れたのであった。

栄之助三歳の時、父、茂七郎は小通詞並に昇進した。四十六歳であった。文政十一年（一八二八）、栄之助八歳の時、シーボルト事件が起こり、多くの通詞たちが処罰された。この時、父は源左衛門と改名していたが、事件とは関係が無く、その後の出世の手がかりを掴んだようである。

天保八年（一八三七）に小通詞の名村元次郎がオランダ人のサフラン代金を使い込んで支払わなかったため、市中引き回しの上、出島門前で獄門に掛けられた。源左衛門は大通詞助《じょ》になっていたが、恐らく監督不行き届きということであろう「急度叱り」の処罰を受けた。栄之助十七歳であった。資料が無いのではっきりしないが、当時、通詞を志す子弟たちは、十歳過ぎ頃から、稽古通詞となり、十五〜十六歳になると小通詞末席になるのが普通であったので、十七歳の栄之助は小通詞末席くらいにはなっていたものと思われる。

父源左衛門と栄之助

オランダ通詞の階級は基本的には、大通詞、小通詞、稽古通詞の三階級であるが、時代が下ると、異国船の来航も多くなり、通詞の増員が図られ、特に実務を担当する小通詞には、その下に小通詞助《じょ》、小通詞並《なみ》、小通詞末席《まっせき》などの階級が加えられた。森山栄之助もこのような階段を上っていったと思われるが、弘化二年（一八四五）に二十五歳の栄之助は、父で大通詞の源左衛門と共に年番小通詞を勤めたと初めて記録に出てくる。源左衛門はこの時、六十八の高齢であった。

年番通詞とは、大通詞と小通詞の二人がその年の恒例行事の全てを取り仕切るもので、通詞としての実力と信用がなければ担当させられることはなかった。源左衛門は天保六年（一八三五）五十八歳の時、年番小通詞を初めて勤めている。小通詞になるのも非常に遅れたし、年番を勤めるのも又遅すぎるほどであった。一方、息子の栄之助は、これまた非常に早い二十五歳の年番小通詞であった。

子供の目覚しい成長に合わせるかのように源左衛門は、通詞団の中で地位を高め、天保九年（一八三八）には江戸番小通詞を勤め、六年後の弘化元年（一八四四）には年番大通詞を初めて勤め、引き続き翌二年には親子で年番を勤めるという異例の待遇を受けている。

なお、自慢の息子の活躍を見届けたかのように、栄之助飛躍のきっかけとなったマクドナルドとの出会い直前の嘉永元年（一八四八）四月十九日、七十二歳で没している。

源左衛門の経歴で疑問な点は、天保九年にオランダ商館長の江戸参府に随行する江戸番小通詞を勤めていることである。『小通詞』と記録（『オランダ通詞の研究』片桐一男著）にはあるが、その前年、名村元次郎獄門の一件で「急度叱り」を大通詞助の資格で受けている。何故、前年上の階級の大通詞助であった源右衛門が、次の年の天保九年に小通詞の資格で江戸へ行ったのか分らないが、ひょっとすると、大通詞助ではあったが、オランダ商館長の江戸参府に随行する江戸番通詞としては、小通詞ということで随行したのかもしれない。

これから後、父源左衛門が見届けることの出来なかった栄之助の人生は、怒涛のように世の中の動きに翻弄され移り変わっていく。

栄之助の英語研究

嘉永二年（一八四九）四月にプレブル号でマクドナルドたちアメリカ遭難船員を送り出した後、六月に例年のようにオランダ船が入港してきた。この船には、商館医モーニッケが注文していた牛痘苗（牛痘痂）が輸入され、待望の種痘接種に成功した。この種痘成功の知らせはたちまち全国に広まり、種痘の苗を得ようと各地から医師たちが長崎にやってきた。また、出島の対岸の江戸町にあるオランダ通詞会所では、長崎の医師たちが詰めて、市民の子弟に種痘を接種した。このようにこの年の後半は、長崎は種痘騒ぎで明け暮れたのだった。

翌嘉永三年（一八五〇）森山栄之助は、四年ぶりに年番小通詞となり、忙しい毎日ではあったが、丸山へ遊女にあがったばかりの十六歳の仲子を落籍して娶り幸せであった。

しかし、時代は栄之助をそのような安穏とした境遇には置かなかった。カラフトに上陸したアメリカ捕鯨船員三名が送られてくる直前の五月に長崎奉行大屋遠江守明啓が急死して大騒ぎになり、慌しい中に、六月にはオランダ船の入港、七月には三名の捕鯨船員が到着し、八月には新奉行内藤安房守忠明《ただあきら》が到着し、早速漂流アメリカ人の吟味を始め、九月には、帰帆するオランダ船で送還した。

すべてが終わってやれやれという間もなく、内藤奉行は、さらなる英語学習の充実の必要を感じ、大通詞の西吉兵衛と小通詞栄之助に、英語研究と英和辞書の作成を命じた。

栄之助は、吉兵衛とともに、楢林栄七郎、名村五八郎、中山兵馬、志筑辰一郎、岩瀬弥四郎、西吉十郎、川原又兵衛を助手にして、辞書の編纂に務めた。一年後の嘉永四年（一八五一）にはAの部が完成した。

栄之助は、英和辞書の編纂に係わる傍ら、たまたま入港してきたオランダ船の船長コーニングが英語に堪能であると聞くと、早速奉行所の許しを得て、英会話の勉強に精を出した。又、六月には妻仲子が長女静子を出産した。

翌嘉永五年（一八五二）には、この頃よく一緒に仕事をしていた西吉兵衛と組んで年番小通詞を勤めることになった。このように、嘉永二年（一八四九）にプレブル号を迎えてから、嘉永六年にアメリカのペリーやロシアのプチャーチン来航までの足掛け五年間は、栄之助にとって公私共に充実したいわゆる充電の期間であった。

嘉永五年八月に母龍が六十六歳で亡くなったことは悲しいできごとではあったが、長男幸之助

た。（注）は、祖母龍や姉美祢にあたたかく育まれ、嘉永六年には十一歳で稽古通詞となり周囲を喜ばせ

＊注　幸之助についての記述は、幸之助が実子であるとの前提である。なお、『安政二年のオランダ通詞（長崎県立図書館発行）』には、幸之助は養子であると書いている。栄之助三十三歳、仲子十九歳で二歳の静子がいるのに、この時期に養子を迎えることは解せない。もし、栄之助が安政元年（一八五四）に幕臣となって長崎の通詞団組織から離れる時に養子を迎えるとするならば、幸之助は、稽古通詞になって二年経っていることになる。幸之助の養子の件を深読みするならば、おゆふとの離婚後に生れたために、幸之助を改めて養子として受け入れたものとも思われる。なお、本書発行の後、幸之助のご子孫（ひ孫にあたる田島喜代子様）からご連絡をいただき、幸之助が天保十四年十二月五日に生れ、大正三年四月四日に亡くなったことが分った。また、明治元年四月に神奈川県通弁役を拝命し、多吉郎が没した明治四年頃は、神奈川県少属五等訳官（明治四年十月十八日任命）であった。そのほか、墓地が横浜市内にあることや森山姓をつぐご子孫がご健在であることなどを教えていただいた。しかし、幸之助と弟妹たちとが、その後全く絶縁状態になったのは何故か、多吉郎の晩年、幸之助との交流があったのかなかったのかは、依然としてなぞのままである。

第三章　外交官森山栄之助の誕生

西へ東へ駆け回る栄之助

ペリーが搭乗する蒸気軍艦ミシシッピー号が日本へ向けてアメリカ東部のノーフォーク港を出帆したのは一八五二年（嘉永五年）十一月二十四日であった。大西洋を東へ横断し、喜望峰を回り、香港に着いたのが一八五三年（嘉永六年）四月七日であった。そこから上海へ行き、旗艦サスケハナ号に乗り換え沖縄に行き、さらに小笠原諸島の港に入港した。そこでペリーは、小笠原に入植していたアメリカ人に独立するように勧め、再び琉球に戻り、四隻の艦隊を揃えて江戸湾へと出発した。四隻のアメリカ東インド艦隊が浦賀沖に姿をみせたのが嘉永六年六月三日（一八五三年七月十八日）のことであった。

ペリー艦隊が浦賀沖に停泊した時に、真っ先に乗船し英語で「私は、オランダ語を話せる」と言ったのは、この年の浦賀詰通詞の堀達之助であったことは有名である。ペリーのアメリカ艦隊と日本側の意思疎通は、堀達之助とアメリカ側の通訳官ポートマンとのオランダ語で行なわれた。結局、ペリーは、浦賀の久里浜で浦賀奉行に国書を渡し、後日、回答を受け取りに再び来航すると言って、六月十二日、日本を離れた。

幕府は、ペリーの艦隊を目の前にして、浦賀詰の若い二人の通詞だけでは心もとないと、ペリー来航の知らせを受けると、直ちに長崎から練達の通詞西吉兵衛と森山栄之助を早飛脚で呼び寄せた。しかし、どんなに急いでも長崎から江戸まで一月は掛かる。まして、江戸から長崎までの飛脚の日数も入れると、もっと掛かる。西吉兵衛と栄之助が江戸に着いた時には、すでにペリーの艦隊は日本を去っていた。

二人が江戸に着くと、それを追いかけるように、今度は長崎から早飛脚が到着した。七月十八日にロシアの軍艦四隻が長崎に入港したというのである。この知らせが江戸に届いたのは、七月の終り頃ではないだろうか。実は、長崎奉行は二人制の時には、一人が長崎在勤、一人は、江戸に在府ということになっており、九月に交代することになっていた。だいたい在府の奉行が八月始め頃江戸を出発し、九月の始め頃に長崎に着き、そこで暫く事務引継ぎをすることになっていた。九月七・八・九日の長崎の大祭「おくんち」（注一）をそろって見物すると、今度は九月二十日に決められていたオランダ船の出帆を二人で見送り、それから在勤の長崎奉行が江戸へ出発することになっていた。吉兵衛と栄之助が江戸に着いた時には、長崎奉行が長崎へ出発する時期に当たっていた。今度長崎へ赴任する長崎奉行は新任で水野筑後守忠徳と言い、目付出身の切れ者で幕閣からの信頼も厚かった。筑後守は、長崎からの知らせを受けると直ちに大通詞の西吉兵衛を長崎に向かわせた。吉兵衛が何時江戸を発ったか分らないが、八月十九日（一八五三年九月九日）の数日前には長崎に着いている。

プチャーチンのロシア艦隊が入港した時、それに応対した通詞は、大通詞志筑龍太、小通詞名村貞五郎と楢林と呼ばれる通詞の三人であった。なお、プチャーチンの秘書官であった小説家のゴンチャローフの名著「日本渡航記」には楢林と呼ぶ通詞は二人いて、若い方を楢林二世と呼んでいる。二世の方はこの時二十五歳の楢林栄七郎で、名村貞五郎と行動していた通詞はこの時大通詞であった楢林鉄之助と考えられているが、名村貞五郎の下位で行動しているようなので、やや疑問が残る。

ところで、ゴンチャーロフは、小説家であるので人間描写が素晴らしく、彼が接した通詞たちを見事に描き分けている。

志筑龍太は、太ったあばた面で、お辞儀を繰り返し、見苦しい微笑を浮べ、名村貞五郎は、灰色の鬚をしたところが老嬢そっくりで、謹厳である、とゴンチャローフの目には映っている。あいにく楢林鉄之助と思われる通詞については触れられていない。ただ、楢林栄七郎については、「若い楢林が、とても謙虚で考え深い男で、間の抜けたところがない」と好意的に描いている。

在勤の長崎奉行大沢豊後守乗哲は、プチャーチン来航以来、直ちに早飛脚を江戸に出し、対応についての指示を仰いでいた。幕府の回答を携えて戻ってきたのが大通詞の西吉兵衛であった。八月の始め（ロシア歴九月五日、注二）に長崎に到着すると直ちに奉行の指示により旗艦パルラダ号に赴いた。ゴンチャローフは例によって直ちに吉兵衛を次のように描いている。「彼はでっぷりした丸顔で、全ての日本人と同じく赤味はないが浅黒く、上の前歯がひどく出っ張っていた。歯が出ているので仕方がないのだろうが、彼はたえず微笑しているかのように見える。彼はとても敏捷でせわしげであった」

＊注一　長崎くんち　長崎の鎮守「諏訪神社」の秋の大祭で、旧暦の九月九日（重陽の節句）に行われることになっていた。そのため、七・八・九日に執り行われる祭りを「くんち（くにち）」と呼ぶようになった。
＊注二　ロシア暦　当時、ロシアは、ロシア正教による暦を使用していた。西暦とは数日の違いがある。ロシア国王の国書は、ロシア使節団六十一名によって八月十九日（九月九日）に長崎奉行所西役所にて、大沢豊後守に引き渡された。

栄之助大通詞となる

森山栄之助が、新任奉行水野筑後守忠徳とともに長崎に着いたのが、国書受理から六日後の嘉永六年八月二十五日（一八五三年九月十六日）であった。栄之助に対するゴンチャローフの印象は特別であったようで、彼についていろいろと書いている。「この男の顔形は整っていて、他の連中と違ってまなざしも大胆だ」「彼は英語はごくわずかしか話さないが、聴く方はほとんどわかる。オランダ人たちの中に、英語を知っている者が何人かいて、彼はその連中から英語を学んだのである。栄之助はフランス語も多少習っている。彼はたくさん書物を持っていて、大部分はオランダ語の本だが、フランス語の本もあると語った。ポシェート（使節付副官・海軍少佐・オランダ語通訳官）の話では、栄之助はオランダ語が達者だそうだ」

などと述べ、栄之助との対話の中から、森山栄之助が日本の諸法律、特に鎖国などの決まりをこれから変えていかなければならないと考えていることを知り驚いている。

ともあれ、日本側の今後の応対は、江戸へ帰るはずであった大沢豊後守と新任の水野筑後守の二人が共同して当たることになり、通訳は、江戸帰りの西吉兵衛と森山栄之助が担当することになった。

ただ、将軍家慶の死去（六月二十二日、西暦七月二十七日）もあり、暫くは国書に対する回答は出来ないとの日本側に対して、プチャーチンは、あくまでも回答を要求した。これに対して幕府も全権団を長崎に派遣し、会談を行うことを決め、ロシア応接掛の筒井肥前守政憲《まさのり》、川路左衛門尉聖謨《としあきら》、荒尾土佐守成充《しげみつ》、古賀筑後守増（謹一郎）の四名は、十月三十日に江戸を出発した。

それに対し、ロシア艦隊は祖国のクリミア戦争の行方を心配し、上海へ出帆した。十月二十三日のことで、全権団出発の七日前のことであった。上海にはひと月程滞在し、再び長崎に入港したのは十二月五日であった。川路ら全権団が、ロシア艦隊入港の知らせを受けたのは六日で、佐賀城下に着いていたところであった。長崎奉行からの書状によれば、三日の内に全権が長崎に到着しなければ直接江戸湾へ向かうとあり、一刻も早い到着を要請していた。川路の『長崎日記』によれば、七日の真夜中、午前〇時に佐賀を出発し、塚崎（武雄）・嬉野を通り、彼杵に着いた。十三里（約五十二キロ）の行程であった。夕方には雨も降り出していた。八日は午前〇時過ぎに出発し、大村・矢上で食事を摂り、午後六時に長崎に到着した。佐賀―長崎を二日で走破したのである。

川路の長崎での宿舎は、長崎代官で鉄砲方を勤めていた高木定四郎の屋敷で新大工町の中島川の辺にあった。その夜の内に奉行所からの役人と通詞森山栄之助が来て、〇時過ぎまで報告を受けている。

ロシア使節と日本側全権との交渉は、招待・訪問・宴会・贈答などの儀礼的な行事に二週間ほどが費やされ、交渉は嘉永六年十二月二十日（一八五四年一月七日）から始まった。川路聖謨の栄之助に対する信頼は非常に厚く、『長崎日記』の中にもしばしば記されている。

ロシア使節からの招待を受けるかどうかで心配した時、通詞の働きが大きかったことを述べ、「栄之助別段なる差働きこれあり候ものにて、通弁殊の外達者にて、蘭書を訳すること手紙を書くが如し」と記している。いよいよパルラダ号に行くかどうかの返事をださなければならなくなり、「これはロシア側の策略で、乗船したら捕らえられてしまうのではない」かと心配して、栄之助に尋ねたら

「少しも心配はいらない。もし、私の見損じで大事がしゅったいしたら、申し訳に、栄之助が真っ先に使節に飛び掛り先陣を切ります、ときっぱり言明したので、皆は心が落ち着いた」とも書いている。

さらに、交渉が進み日本側の覚書を持たせて随員の一人で勘定組頭（注）の中村為弥と栄之助をパルラダ号へ行かせたところ、覚書の内容が気に入らないといってプチャーチンは拒否した。受け取ってくれ、受け取らないで押し問答となり、帰りが午後八時を過ぎてしまった。この時矢面に立ったのが栄之助で、「死を決して申し談じたる事なり（この者別段なるものにて左もあるべし）」と高く評価している。

この日露会談において最も重要な働きをしたのは副全権の川路左衛門尉聖謨であった。四人の全権団のうち、荒尾石見守成充は監察として、古賀謹一郎は、顧問格として、会談中二人はほとんど発言しなかった。事実上の全権は川路で、彼がほとんどを発言し、その通訳は、森山栄之助が担当した。主席全権であった筒井肥前守正憲は、始めの挨拶か、川路の発言を補佐する程度で、その通訳は西吉兵衛があたった。

日露の会談は六回にわたって行われ、日本側から言わせると、川路の巧みな弁舌で、ロシア側は、さしたる成果を上げることなく日本を離れることになった。この会談で確認されたことは、開国については、今後も検討していくこと。なお、日本が第三国と開国した時にはロシアとも開国し、最恵国待遇による同一の条件を与えること。エトロフ島は日本領であり、カラフトは後日国境を画定することなどであった。

ともかく、ロシア使節プチャーチンはこのような内容に大いに不満で、再度来日することを言明して嘉永七年正月八日（一八五四年二月五日）長崎を出帆していった。

この日露会談が、幕府の意図するような結果になったのは、ロシア使節の紳士的な穏やかな態度によることもあったが、川路の巧みな交渉術と栄之助の正確な通訳によることも大きかった。栄之助は、この交渉に当たって大通詞に昇格して通訳を行なった。

＊注　勘定組頭　組頭は、奉行の次席の役割で、江戸幕府の勘定奉行所の中での組頭ということである。ちなみに、長崎奉行所では、奉行の次が組頭で、外国人が記録したものには、組頭を副奉行と書いている。

横浜へ

川路聖謨は、ロシア艦隊出港後長崎市内各所を巡見し、十日後の一月十八日に江戸へ向けて帰途についた。一月二十七日には小倉から関門海峡を渡って下関に着いた。海峡を渡る前の日頃から、浦賀に異国船が渡来したとの噂が街道筋に飛び交い、心配している。幕府からの正式の書状が届いたのは二月六日尾道についた時であった。「急いで戻れ」、とのことで後は急行し、江戸に着いたのが二月二十二日であった。

ペリーの艦隊が、再び浦賀に姿を見せたのは一月十六日（二月十三日）で、早速乗船してきた幕府の役人は、浦賀奉行与力二人と小通詞堀達之助と小通詞並の立石得十郎であった。例によって幕府の引き伸ばし策とペリーの強硬な態度で、ゴタゴタが続き、いたずらに日にちが延びていった。そんな中、一月十八日（二月十五日）には、長崎から新しい小通詞名村五八郎が着任し、通詞団に加わっている。五八郎は、栄之助と共に英和辞書の作成にかかわり、アクセントの上手なかなり流暢な英語を話すことができた。

日米間のゴタゴタとは、主に会談の場所をどこにするかの問題であった。日本は、浦賀を主張し、ペリーは、江戸での会談にこだわった。結局一月二十八日（二月二十五日）になってアメリカ艦隊が停泊している前の横浜という一寒村で行うことになった。急遽、四五軒の農家が取り壊され、畑が潰され会談場の建設が行なわれた。

そのような中、二月五日（三月三日）森山栄之助が与力の中島三郎助とともにサスケハナ号にやって来た。二十五日で長崎から戻ってきたというから、ペリーが再来航する以前の一月の十日頃には長崎を発っていたことになる。川路は一月十八日に長崎を出て二月二十二日に江戸に着いている。三十四日掛かっている。二十五日というのは、当時としてはかなりの速さである。

『ペリー随行記』のなかでアメリカ側主席通訳官のウイリアムズは、「ほかの通訳がいらなくなるほど英語が達者で、お蔭でわれわれの交渉は大助かりだ。森山はプレブル号の船長や乗組員の安否を尋ね、ロナルド・マクドナルドは元気だろうか、ほかに彼のことをご存知ないかと質問した。森山は機械を調べていたが、ついには士官室での夕食に腰を落ち着けてしまい、彼の教養の深さと育ちのよさがわれわれに好感を与えた」と記している。

日米交渉始まる

日米和親条約締結の交渉は二月十日から始まった。日本側の主席全権は、林大学頭で、次が江戸町奉行井戸対馬守覚弘、浦賀奉行伊沢美作守政義であった。監察が目付鵜殿民部少輔、顧問格が幕府儒者の松崎満太郎であった。

主席通訳は、森山栄之助があたり、補佐として堀達之助がついた。会談は最初に栄之助が応接掛その他の主な人物を一人一人ペリーへ紹介することから始まった。そこでいったん退席し、茶菓の接待あり、それから座を改め、林全権からアメリカ大統領の親書にたいする回答を行なった。

栄之助は、床に座って、端から端へ膝行し、応接掛の話を聞き、オランダ語に直してアメリカ側の通訳官ポートマンに伝えた。その間、堀達之助は、両手両膝をついて平伏したままみじろぎもしなかった。

交渉は、断続的に行われ三月三日に歴史的な日米和親条約（注一）が調印され、三月二十一日にはアメリカ艦隊は、下田へ向って江戸湾を離れた。

和親条約の調印を済ませると、ペリーは、開港された下田港と函館港をただちに視察し、さらに、下田で和親条約に付随するこまごまとしたことを協議しようと横浜を出港していった。

下田での会議は、五月十三日から始まり、貨幣交換の問題や遊歩区域の問題などが話し合われて二十二日に十三ケ条の付録条文が合意された。この間、吉田松陰の密航未遂事件（注二）や、寺院宿泊強要事件（注三）など様々な問題が起こった。こうしてペリー艦隊は、下田を六月一日に最終的に出港していった。

神奈川と下田での交渉の間、栄之助は、会談での通訳、条約文の翻訳、アメリカ側訳文との付き合わせ、さらには、ポーハタン号へ出向いてのこまごましたことの打ち合わせなど、それこそ八面六肘の活躍であった。

アメリカ人から見ると栄之助の働きは、単なる通訳としては見ていなかったようで、ウイリアムズは、「応接掛代理の森山」と呼び、「条約の条文を調整していると、栄之助が現われて、この点は合意している、これは変更された、この件は受け入れていない、とやたらに異議をはさんだ。平山謙二郎（御徒目付）そのほかの同行者はほとんど発言しないので、条約の処理はすべて栄之助の手に委譲されているのかと想像された。栄之助はこの協議に決定権を任されているようにみえ、そして、それ相当にその任に適していた。それで、（アメリカ人の下田での遊歩範囲は）下田では港内の小島を起点と（して計測）することに譲歩し、函館の場合は提督がそこを訪れてから協議することになった」と書いている。

日米和親条約や日米修好通商条約が不平等条約であるということで、当時、条約締結にかかわった幕臣たちの評判は非常に悪く、それが彼等を歴史の舞台から消えさせている理由となっている。それについては、ペリーやハリスなどの強圧的な恫喝に屈したという見方や世界の事情を知らなかったということもあったであろうが、それらは、彼等だけに罪を着せられるものではない。むしろ、国内外の強い風当たりの中でここまで漕ぎつけた、日本の独立を保つことができたという功の方が大きいのではないかと思う。

このことについては、さらに後半の方で詳しく述べるが、やはり条約締結のようなデリケートな内容を含む通訳は極めて困難なものがあった。どうしても、自国に都合の良いように持っていこうとするので、後になって色々と問題が生じてくるものである。

函館開港でも色々問題が出たが、日本側が思いもしなかったのは、日本駐在総領事としてハリスが下田に渡来し駐在したことであった。

日本最初の条約締結という外交交渉で、やはり最も困難な問題は、言語の問題であった。全く異なる文化を背景に持つ言語間では、同じような言い回しをしても、その意味することが違っていることがよくある。日本語と英語（アメリカ語というべきか）の間にオランダ語で意思疎通をし、それをそれぞれの国の言葉で文章化する。それを相手側がきちんとこちらの思うように書いているのかをチェックすることは、至難の技であった。むしろ、当時の状況では不可能であった。

アメリカ側は、日本語からオランダ語に変換し、さらに中国語に直して、英語に直すことが正確を期すということで、主席通訳官に広東で宣教師をしていたウイリアムズを起用していた。彼は、中国語も日本語も話すことができた。また、日本側がオランダ通詞を通訳にすることは明らかであったので、上海でオランダ語が堪能なポートマンをペリー提督付の書記として雇っていた。

ペリー来航の時に最初に応対した通詞は、堀達之助であったが、その時の応接は、達之助とポートマンとの間はオランダ語で行われた。ウイリアムズは、脇で見ていて「日本人の言葉はほとんど理解できたが、あのように話すには相当の練習が必要である。私が日本語を知っている以上にオランダ語をよく知った者がいるということは意思の疎通が十分に行われると思うのでありがたかった」と書いている。

しかし、これは日常普通の会話の時のことで、条約のようなデリケートな内容を含む話し合いではおさまるはずも無く、使用する言語についても日本側とアメリカ側で衝突している。これは、和親条約の下田附属条約（神奈川条約付録）で貨幣、一ドルと日本金貨（一両）の交換レートを話し合っている時であるが、交換比率についてなかなかまとまらず難航した。ウイリアムズによれば、「この国では銀に比べて金がひどく安い。もちろんわれわれはこんな貨幣の低評価に同意するわけがなく、会議は決裂した。午後、森山との間で補足規定が合意された。彼は全ての公式の書信に漢文を使わせまいと頑固な態度をとったが、これは明らかに、すべての交渉をおのれの掌中に収めようとする意図から出たものと察せられた。この件はオランダ語通訳（ポートマンのこと）が居合わす場合には、漢文を用いないという妥協案（注四）で落着した」

この交換レートの問題は、日本側の無知により、当時、日本では金と銀は一対五であったが、世界では一対十五という金高であったことを知らず見当違いの努力をしている。日本側は頑張ったにもかかわらず、開国以後莫大な金が流失し大問題となった。

この貨幣の問題も日本側の失点（やむを得ないもの）であったが、領事駐在の問題も、思いもかけないものであった。

領事の条項は、条約の第十一条にあるが、日本側の文章では「両国政府に於て、無拠儀有之候模様により、合衆国官吏之もの下田に差置候儀も可有之、尤約定調印より十八箇月後に無之候ては不及其儀候事」となっているが、英文では、そのニュアンスが違っている。この英文を今日の言葉で翻訳してみると「もし両国政府のいずれか一方が、その取極めを必要なりと思考する際は、本条約の日から十八ケ月後においてはいつにても、合衆国政府は下田に駐在する領事または代理人を任命することができる」となっている。

つまり、日本側は、「よんどころなき儀（やむを得ない理由）があったら」両国政府の相談の上領事を置くことができると、考えていたのに対し、アメリカは「領事を置きたいと思ったら置ける」という文章にしていたのである。

条約文の翻訳、突合せを仕切っていた栄之助にとっては、自分の語学力の未熟さを突いたアメリカ側の騙まし討ちのように思えたかも知れない。

この日本側通訳（森山栄之助）の誤訳一件は、後々までも栄之助の評価を下げているが、これを誤訳というには、あまりにも酷であるように思う。次は『ペリー提督日本遠征記』の訳文であるが、「この条約調印の日より十八ヶ月を経たる後には、何時にても合衆国政府は下田に居住する領事又は代理官を任命することが出来る。但し、両国政府共に此の配置を必要なりと認めた場合に限る」となっている。

この条文の但し書きを読むと、両国政府共に、つまり両国が認めた場合とも解釈することが出来る。私には、一方の政府が必要と認めた場合と読むのは、少し強引な読み取りのように思える。つまり、この場合の問題点は、デリケートな外交文書を作成するのは当時としては至難の技であったということである。どちらにも都合の良いように解釈される文書であったことが問題なのである。

安政四年（一八五七）七月二十一日、アメリカ総領事のハリスは、オランダ語の通訳ヒュースケンを伴って下田に上陸した。条約締結から一年と四ヶ月、約束の十八ヶ月までまだ四ヶ月を余していた。
＊注一　日本が初めて外国と結んだ正式な条約で、まだ、通商交易を行うことまではうたっていなかったが、こ

れによって開国への風穴が大きく開けられたのである。

＊注二　吉田松蔭密航未遂事件　ペリー艦隊が下田港滞在していた時、三月二十八日（四月二十五日）午前二時頃、長州藩士吉田松蔭と金子重之助の二人が、アメリカへ密航したいとポーハタン号に漕ぎ寄せたが、ペリーは拒絶して、二人を日本側に渡した。

＊注三　アメリカ兵寺院宿泊強要事件　ペリー艦隊が下田港に滞在していた時、幕府は日中に限って乗組員の上陸を許したが、四月十二日（五月九日）狩猟のために上陸した三人のアメリカ士官が、一日中歩き回って下田に戻り、寺院で一泊しようとした。これに対して役人や通訳の堀達之助たちが激しく抵抗し、無理に艦へ帰らせようとした。この日本側、特に通詞の堀達之助の態度に対して、厳しく抗議した事件。

＊注四　アメリカ側は、主席通訳が中国語の堪能なウイリアムズであったので、中国語（漢文）で記録に残そうとしたが、森山は、自分の得意なオランダ語で交渉し、主導権を握ろうとしたものである。

幕臣となる

日米和親条約締結の影響するところは大きかった。折からロシアとイギリス・フランス・トルコとの間にクリミア戦争（一八五三）が起こり、その影響が極東の地にまで及んで来ていた。カムチャッカ半島の要塞攻撃に失敗したイギリス東インド艦隊司令官のスターリングは、洋上にロシア艦船を探索して四隻の軍艦で長崎港に入港してきた。安政元年（一八五四）日米和親条約締結の情報を入手したスターリングは、同様の条約をイギリスとの間に結ぶことを要求したのである。幕府は、長崎奉行水野筑後守忠徳と目付永井玄蕃頭尚志《なおゆき》に専決で交渉することを許したので、一月程の交渉で決着がついた。その内容は、戦争目的で無いならば、入港を長崎・箱館に許すというもので、スターリングが正式に委任状を持ってきていなかったので、条約とはいわず「日英約定」と呼ばれた。イギリス艦隊が長崎を去ったのは八月二十九日のことであった。それに畳み込んで九月二日にはオランダへも下田・箱館を開港し、翌安政二年十二月には日蘭和親条約を長崎で調印している。

なお、長崎での交渉に不満を持っていたロシアのプチャーチンは、日米和親条約締結を知ると新鋭艦ディアナ号で安政元年八月三十日には箱館に入港し、九月には大坂湾内に姿を現して京坂神地方を騒がせた。十月十四日は下田に入港し、和親条約の締結を要求した。

この時の応接は、大目付筒井肥前守政憲と勘定奉行であった川路左衛門尉聖謨と下田奉行伊沢美作守政義が全権となって行なった。川路の『下田日記』によると十七日に幕府から全権の命令が下り、十八日に江戸城へ登って拝謁の後直ちに出発している。

下田に着いたのが二十一日で、最後の日は三島から下田までの二十六里（約一〇四キロ）余りを一日で駆け抜けている。聖謨五十四歳であった。なお、森山栄之助も当然同行し、江戸・下田を走り抜けたが、出発に先立って幕臣に取り立てられ三十俵三人扶持と役料十人扶持の普請役となっている。三十四歳であった。

翌々日には、筒井肥前守一行も到着し、いよいよ会談となったが、場所の設定でひと悶着があった。プチャーチンは、ディアナ号の船上でと言い、日本側は、陸上で行なうことを主張し数日が空費された。結局、ロシア側が譲って陸上で会談を行なうことになったが、その前に双方から招待しあって饗応が行われることになった。まず、十一月一日には、ロシア使節が上陸しロシア側の休息所にあてられた了仙寺に入り、そこから下田の仮奉行所の宝満寺へ赴き、日本側による饗応主催があった。翌二日には日本側全権団はディアナ号に赴き、ロシア側から盛大な歓待を受けた。前年の長崎の時には、川路たちは異国人のことだから何するか分らないと決死の覚悟で乗船したが、今回は二度目の体験で、正午から午後五時までの五時間を楽しく過ごした。

こうして十一月三日には玉泉寺で第一回の会談が行われることになった。プチャーチンは、アメリカにならって日露間にも条約を結ぶ希望を述べ、特に国境画定と通商開始を求めた。もし、日本側が通商開始を認めるならば、エトロフが日本領であることを認め、カラフトについても譲歩する用意があると述べた。

この第一回の会談は、開港場の問題で行き詰まり、後日を期して散会した。有名な安政の大地震が起きたのは、その翌日の十一月四日であった。推定マグニチュード八・四。震源地は紀伊半島南端で、被害地域は東北地方から九州地方までの太平洋岸に及んだ。特に大坂と下田の損害が甚大であった。

川路聖謨は、『下田日記』にその惨状を詳しく記している。それには「午前八時頃朝食中、大地震発生。壁が破れ、外に出てみると寺（泰平寺）の石塔などがことごとく倒れている。『津波がくるぞ』と市中が大騒ぎになり、役人の先導で大安寺山へ登って四分ほどのところで振り返ってみると、大波が押し寄せてくる。やがて市中に土煙が立ち、帆柱を立てた大きな船が大波に乗って人家を崩し、飛ぶように田圃へどっと押し寄せてきた。その恐ろしさに、その場に居合わせた者たちは、思わず茨をかき分け道なき山を這い登り、頂上に着き落ち着いたところで手足を見ると血まみれになっている」とある。

一方、ロシアのディアナ号も大津波に翻弄された。碇綱が断ち切れると港内をぐるぐると漂流し、岩礁に乗り上げた。その時、舵と竜骨が破損した。そのため、急いで修理することが必要になり、プチャーチンは、修理場所に波静かな港の提供を要求した。

このような状況のなかでも会談は続行され、地震・津波騒ぎがやや落ち着いた十三日から、正式の会談が行われた。

会談は、川路聖謨の巧みな交渉術によって、ロシア側の主張通りにはならなかったが、国境画定という難題もあって、連日激論が交わされた。結局、日米和親条約という前例もあり、かなりの条項は、その線に沿って合意されていったが、難問は領事駐在の件であった。最恵国待遇を認めた以上、アメリカ同様領事駐在の件についての条項も載せざるを得なくなった。

しかも、希望的観測で条約文を作成したために、日露の条約文に違いが出てきて、後に紛争の種となった。日本側は、十八ヵ月後に領事駐在に就いて討議するとしたのに対し、ロシア側は、十八ヶ月後に領事を置くことが出来ると記したのである。

このように、またもやアメリカとの時と同じような悶着がおこったのであった。

いずれにせよ、この問題は通訳の未熟さが招いたもので、条約作成に係わった森山栄之助の責任であると批難が集中している。しかしながら、当時日本においては栄之助以上のレベルの通訳を求めることが出来なかった。しかも、開国していきなり両国の利害を含むデリケートな言い回しをする外交文書の作成を求められたのである。それも短時日にまとめなければならない。どうしても自国に都合の良いように解釈して翻訳してしまったのであろう。

しかし、この交渉を決裂させるわけにはいかない。間に立つ通訳森山栄之助にとっては、日本側の「国交は認めるが、外交官は置かせない」という論理は、今や世界に通用しないことを知っていたのかも知れない。

うがった言い方をすると、領事など外交官の交換は、今や世界の常識であるのに、当時の日本は未だに外国を夷狄視し、日本の実力を知らぬまま見下し「神国日本に汚れた異国人が足を踏み入れるのは許さない」という思想が横行していた。

森山栄之助は、翻訳のミスを口実に、この日本の風潮に風穴を開けようとしたというのは、買被りであろうか。

なお、幕末に結んだ外交条約の中で最も評判が悪いのは、領事裁判。外国人の犯罪は、外国が裁く、いわゆる治外法権の条項であるが、これも、当時の日本の常識であった。おそらく、外国人の犯罪者を日本が裁き、日本の牢獄に収容することなど、思いもよらなかったに違いない。世界の常識を日本に適用することなどとんでもないことであった。

後世、少なくとも世界の姿が分るようになってきた明治になってから川路聖謨《としあきら》や岩瀬忠震《ただなり》、井上清直、ひいては森山栄之助たちの無知を責めても的外れであろう。彼らの置かれた最悪の条件のなかでこれだけの条約を結び、日本を安泰に導いた功績を称えるべきではないだろうか。

さて、再び日露交渉における森山栄之助の働きに立ち戻るが、この時、彼は単なる通詞（通訳）としてだけの立場ではなかった。「通詞」とは長崎奉行所配下地役人の職種の一つで、身分は町人であった。しかし、栄之助は、江戸から下田へ駆けつける時、幕臣に登用され「普請役」という幕府の直臣として武士の身分で交渉に当たったのである。勿論、重要な交渉の全ては、栄之助が通訳を受け持った。この他、栄之助個人の裁量で交渉に当たったこともあった。

川路は栄之助を高く評価しており、『下田日記』にその動きを克明に記録している。

安政元年（一八五四）十一月十八日に、川路は、中村為弥と森山栄之助に交渉場所の玉泉寺で条約作成の為の予備折衝をロシア側の副官ポシェットとの間で行なわせた。為弥は、勘定方組頭で後に下田奉行となった切れ者であったが、栄之助は、同僚として中村為弥の発言を通訳するばかりでなく、彼自身の言葉で発言している。予備交渉は二十日、二十一日も続き、二十一日は午前十時から午後十時までかかり、午後四時頃からは、プチャーチン自ら乗り出し、為弥と栄之助と直接激しくやりあった。その最中、言葉の弾みで栄之助が「そのような馬鹿なことを」いう言葉遣いをしたところプチャーチンは、「馬鹿とは失礼ではないか」と気色ばんだ。これに対し栄之助は「自分は身分は軽くても公儀の代表である。異国の人に対してありのまま言ったことについて、とがめだてされるいわれはない」と興奮気味に言ったという。

何についての交渉であったかは分らないが、川路は、それを聞いて「気迫のある奴だ」と感心している。十二月十四日第四回目の交渉の時には、国境問題で決着がつかず、最後は、栄之助とポシェットとの間で原案を作成し、条約の付録に「樺太島の儀は嘉永五年までに日本人並びに蝦夷アイノ（アイヌ）居住したる地は、日本領たるべし」との一項を付加することで決着している。こうして、ロシア使節プチャーチンと日本全権川路聖謨とのあいだの厳しいせめぎあいの中でようやく決着し、十二月二十一日に日露和親条約が調印された。

日露和親条約締結の後、プチャーチンたちは、帰るにも帰られない状況に陥っていた。実はプチャーチンは、大津波で破損したディアナ号を修理するために良い港の提供を要求していたが、ようやく駿河湾内にある戸田《へだ》村（現在、静岡県沼津市戸田）の港が好適地であることが分り、十一月二十六日に下田港から戸田港へ向けて船を出した。ところが翌二十七日の夕方から吹き出した暴風に翻弄され、二日間も駿河湾内を漂流した。ようやく十二月二日に沈没寸前になったディアナ号を百艘ばかりの小船が綱を繋いで牽いて行こうとしたところ、突然暴風が襲い掛かり、とうとう沈没してしまった。

プチャーチン以下五百余名のロシア兵は、皆救助され、東海道の原宿・吉原宿を経て、八日には戸田村に到着した。

栄之助は、プチャーチンと同行して戸田へ向っていた。恐らくディアナ号のバッテラ（救命ボート）に乗っていたようで、川路の日記には、沈没する直前、森山は、曳船が慌てて離れるのを不審に思ってロシア人から遠眼鏡をかりて見ると「海岸は普通の姿のように静かであるのに、沖の方は、波が切り立ち大荒れとなっている。ちょうど神風のような有様だった」と川路に報告している。

吉村昭氏の『黒船』という小説には、通詞の堀達之助がプチャーチンに同行して、ディアナ号の沈没を目撃したようになっているが、その根拠は知らない。栄之助は十一日に戸田から下田へ戻り、十四日からは四回目の日露交渉に参加している。プチャーチンは、幕府の許可と援助を得て、帰国のための船を戸田で建造するとともに、下田へも赴き、条約締結に精魂を傾けた。

日露交渉は、五回の会談を経て、ようやく十二月二十一日に条約調印の運びとなった。こうしてひとまず山を越えたが、まだ、戸田村にプチャーチン以下五百名余りのロシア兵が収容されている問題は解決されていなかった。

ともあれ幕府は、全権団をひとまず江戸に呼んで日露和親条約締結の報告を聞くことにした。川路が江戸に戻ったのは、年が明けた安政二年正月三日のことである。ところが、この日米和親条約に準じたほぼ同じような内容の中で、領事駐在の条項が大問題となり特に水戸の徳川斉昭は、領事駐留の削除を強硬に主張した。

その条項とは、第六条で、「若し止むことを得ざる事ある時は、魯西亜政府より、箱館・下田の内一港に官吏を差置くべし」となっており、付録には「魯西亜官吏は、安政三年暦数千八百五十六年より定むべし。尤も官吏の家屋並びに地処等は、日本政府の指図に任せ、家屋中自国の作法にて日を送るべし」となっていた。

これを今の言葉に直すと「もしもどうしても必要になった時には、ロシア政府は、箱館か下田の内どちらかに官吏（外交官）を置くことができる。なお、外交官の設置は、安政三年、西暦一八五六年から置くことができる。なお、外交官の宿舎は、日本政府の指示に任せ、そこでの生活は、ロシア風でよい」というものである。

この領事条項は、日米和親条約の英文の内容に近く、川路は最善を尽したと自認していたが、老中阿部正弘は、水戸の徳川斉昭を説得することが出来ず、川路に再度、六条削除のためにプチャーチンと交渉することを命じた。

川路は、安政二年正月三日に江戸に戻ってきたが、十日には、下田取締掛を命じられ、二月十二日に再び、プチャーチンと六条撤廃の交渉を行なうべく下田に向けて出発した。

栄之助と堀達之助・本木昌造

安政元年（一八五四）の日米和親条約と日露和親条約の交渉で中心になって通訳を勤めたのは、森山栄之助と堀達之助、本木昌造の三人であった。もちろん主席通訳は森山であったが、堀も本木も会議での補佐役を務める傍ら、日常生活におけるアメリカ兵、ロシア兵たちの通訳などをこなしていた。

堀達之助は、浦賀詰通詞としてペリーの艦隊を迎えてから引き続きの勤務であった。本木昌造は、名村五八郎が箱館詰通詞として赴任したために後任として呼ばれたもので、五月に下田へ着任している。安政元年五月十七日にペリーの文書を三人の通詞が和訳しているが、筆頭は森山栄之助で、次に本木昌造が署名し、最後に堀達之助となっている。同月二十二日には下田規定書の翻訳は、本木と堀が当たり、本木は堀の上席となっている。

このように条約締結にあたって精励努力した本木昌造と堀達之助の二人は、その後ますます忙しくなる幕末の外交の舞台から、突然姿を消してしまう。堀達之助は、翌安政二年八月にドイツ商人リュドルフが出した奉行宛ての「日本・プロシア通商条約締結の願い」という文書の不適切な取り扱いを咎められ入牢し、安政六年（一八五九）までの四年ほどの間江戸小伝馬町の牢に入れられた。

その後、達之助は、蕃書調所頭取の古賀謹一郎によって牢から出され、英語辞書（注一）の作成に携わり、さらに箱館で通詞を勤めている。本木昌造は、達之助よりも少し早く、安政二年四月に病気を理由に長崎に戻っている。その後は、長崎製鉄所の通詞として蒸気船を運航したり、活版印刷（注二）の研究をしたりして、外交の表舞台からは姿を消している。

この二人の優秀なオランダ通詞の幕末における外交戦線からの離脱については、森山栄之助の係わりが囁かれ、特に堀達之助の入獄は、栄之助の讒言があったからだと言う人もいる。吉村昭氏の小説『黒船』では、咎めるほどの罪ではないのに、栄之助が、あえて弁護しようとしなかった、とか、陰では栄之助が陥れたかのような書き方をしている。

ところが、堀達之助がリュドルフの奉行宛文書の取り扱いを咎められ、江戸に送られるまでの経緯を記している文書が残っている。この文書のタイトルは『阿蘭陀人献上物為付添江府表へ罷越候処臨時豆州戸田村出役蒙仰御右御用』という非常に長々しいもので、オランダ小通詞楢林量一郎の日記である。吉村氏はこの日記（と呼ぶことにする）の存在は知らなかったようで、小説『黒船』の記述とはかなり違っている。

では、楢林量一郎の日記から、安政二年八月頃の下田での様子を再現してみよう。

まず、量一郎は、正月十五日、大通詞小川慶右衛門とともに、オランダ商館長からの将軍への献上物に付き添って長崎を出発した。途中、川崎宿で盗難事件の一騒ぎがあったが、献上物の付き添いも無事すませ、帰途についた。ところが下田詰め通詞の本木昌造が病気を言い立てたので、幕府は、昌造を長崎に帰し、量一郎をしばらく下田に置くことにした。交代は四月に、まだロシア兵が残っていた戸田村で行なった。量一郎は六月一日に残りのロシア兵を乗せた「グレタ号」が出帆していったのを見送ってから、戸田村を発ち六月十四日に下田に来た。これまで下田勤務の通詞は堀達之助と志筑辰一郎の二人であったので、ようやく三人体制となった。

下田は、町中を騒がせたアメリカ美人たちも先月の二十一日に去り、ドイツ人リュドルフたちを残すだけとなり、もとの静けさを取り戻していた。六月十八日に下田奉行井上信濃守も量一郎と入れ違いのように江戸へ戻り、七月十六日には代わりの奉行岡田備中守が下田に着任した。翌日には御普請役の森山栄之助が着いた。日記には、「七月十七日　御普請役森山多吉郎殿、当表に着、久振り面会致す」と懐かしそうに書いている。ところで、ハリスの『日本滞在記』には森山が栄之助から多吉郎に変ったのは、安政四年に御勘定方に昇進してからと書いているが、量一郎は、すでに「多吉郎」と呼んでいる。そうすると、この年、御普請役として幕臣に取り立てられた時に改名したものと思われる。まだ上司たちにはそれが徹底せずに「栄之助」として安政四年まで呼ばれ続けたものかもしれない。

その栄之助（多吉郎）が下田に着いた翌々日、幕府（多分勘定方であろう）は、リュドルフを奉行所に呼び出し、与力の合原熊三郎と御普請役（森山多吉郎か）、御小人目付らの立会いで鉄砲四五八挺を買い取った。

堀達之助のリュドルフの下田奉行宛ての文書握り潰しが発覚したのが、日記によると鉄砲売り渡しの二日後の七月二十一日になっている。このあたりの記録は、量一郎の病気養生願と入り混じりやや読み取り辛いが、リュドルフの再三の催促で達之助が七月二十一日にリュドルフの横文字願書を奉行所に持参した。ところが、同じような願書を六月中旬にも達之助に渡していたことが分り、八月七日に達之助を御用所（場所は奉行所であろうが、これは勘定方の取調べであったのではないか）で与力合原熊三郎、小人目付、普請役森山栄之助（多吉郎）、通詞志筑辰一郎立会いでリュドルフに子細を尋ね、前に達之助が預かっていた文書を栄之助（多吉郎）と辰一郎が翻訳した。そうして、このリュドルフの願書を、何故そのまま放置していたのかについて、その理由を達之助に詳しく書かせ、夕方、奉行所へ本人に持参させた。

これを受けた下田奉行岡田備中守は、それらの文書を江戸に送った。九月三日の夜遅く勘定奉行松平河内守からの御用状が届き、翌四日達之助は志筑辰一郎とともに上下着用のうえ下田奉行所に出頭を命じられた。

白州には、下田奉行岡田備中守が江戸から来た在府の下田奉行井上信濃守と列座していた。井上信濃守が訊問にあたり、達之助に事の始まりから詳しく尋ねた。

吟味が終ると、堀達之助は志筑辰一郎預かりとなり、揚屋として小屋に入れられた。日記には、この時、仮奉行所の門外までは歩き、そこから駕籠で小屋まで運ばれたと書いている。なお、その時刀は無腰で上下を着け、腰縄などは打たれていなかった。

又、辰一郎が奉行所に頼んで夜具や衣類を小屋に差し入れている。それから二十日ほどして森山栄之助（多吉郎）は江戸に戻っていったが、見送りに志筑辰一郎と近頃長崎から着任したばかりの名村常之助が出かけている。

達之助は、その翌日錠前付の駕籠で江戸へ向った。これは勘定奉行の水野筑後守忠徳からの通知により送られたもので、小説にあるような唐丸駕籠に鎖に縛られたような重罪人のような姿ではなかったと思われる。量一郎は九月十一日に「堀達之助も江戸表にて揚屋へ罷り有り候と聞いた」と記している。この達之助への取り扱いは、彼が長崎地役人とはいえ、幕府の直臣としていうことであった。言わば、御家人と同じ扱いにあたるのである。単なる浪人でもないし、ましてや一般の町人としての扱いではなかった。だから、これから先の達之助の運命は小説『黒船』に書いてあるように吉田松陰との交流などがあったかも知れないが、もう少し違う揚屋暮らしであったであろう。

ともあれ、森山栄之助（多吉郎）は、下田に来たのはリュドルフの鉄砲買い付けだったようで、他に大した任務もなく、達之助とは奉行所で一回対面しただけですぐに江戸に戻っている。

蛇足ながら、達之助を裁いたと小説に書かれた水野筑後守忠徳は、実際には一度も江戸町奉行を勤めていない。この時には勘定奉行であった。ちなみに、この頃の江戸町奉行は井戸対馬守覚弘で、嘉永二年（一八四九）に長崎奉行から転じ、七年ほど務め安政三年（一八五六）に大目付・留守居次席に転じ、間もなく亡くなっているようである。井戸は北町であったので南町奉行は、嘉永五年（一八五二）に勘定奉行から転じた池田播磨守であった。池田は安政五年（一八五八）に大目付に転じている。

なお、水野筑後守忠徳は、嘉永六年（一八五三）に長崎奉行として赴任し、直ちにプチャーチンとの交渉に列席し、翌安政元年には目付の永井尚志と二人で日英和親条約（日英協約）を八月に結び、十月には江戸に帰った。そうして、十二月には長崎事務取扱を兼ねた勘定奉行に栄進している。江戸に戻った水野は、今度は川路聖謨とともに安政二年の二月から下田や戸田でプチャーチンと交渉を重ねていた。安政四年（一八五七）には勘定奉行兼任で長崎奉行に再任され、岩瀬忠震と二人で日蘭追加条約を調印した。この条約は、翌年の日米通商修好条約の前段をなすもので、実質的な通商条約であった。この重要な条約を八月に結ぶと、九月には日露追加条約を結び、十二月には田安家家老に転進した。これは、忠徳が誰にでもヅケヅケと物を言い、決して持論を曲げようとしないのに閉口した老中が、外交問題に縁のない御三卿の一つ田安家の家老に祭り上げてしまったのである。

もしも、水野筑後守忠徳が、堀達之助を裁くとしたならば、それは勘定奉行としてであって、この事案は、一般の町奉行が取り扱うような案件ではなかったようである。

又、この達之助事件の不思議なことは、四年近くも小伝馬町の牢、揚屋に放り込んでいることである。江戸時代には、刑罰として投獄することはなかったので、達之助は未決のまま四年もの間、揚屋に放り込まれていたことになる。例外として高野長英のように永牢と言って終身刑のようにいつまでも牢に入れられていることもあったが、僅かな史料からでは、達之助の入牢の件については謎が多すぎるように思う。

＊注一　堀達之助の英語辞書　達之助が主となって編纂した英和辞書で『英《えい》和《わ》対《たい》訳《やく》袖《しゅう》珍《ちん》辞《じ》書《しょ》』と言い、当時もっともすぐれた英和辞書として、活用された。

＊注二　本木昌造の活版印刷　金属活字による活版印刷に成功し、日本近代印刷の祖と呼ばれている。

安政二年頃の栄之助

ともあれ、堀達之助の災難に森山栄之助（多吉郎）の陰を人々は見ているのであるが、確かに、彼の人格について色々と言われている。栄之助の人格について最初に批評したのはゴンチャローフである。彼は、栄之助が、ロシア使節との交渉で重用され、高く評価されたので「のぼせ上がり態度が大きくなり、他の通詞たちを見下している」と書いている。栄之助の態度は、他の通詞たちが異国人を前にして額に汗を浮かべ、身を震わせて通訳としての務めを必死になって果たそうとしているのに対し、明らかに大きな違いがあった。

江戸時代、オランダ通詞の身分は、非常に低く、町人身分で、奉行などの前では、たって歩くことも許されなかった。しかし、栄之助は、会談の時には通詞としての身分をわきまえて行動していたが、彼を動かしていたものは「日本を異国から守るために通訳をするのだ」という使命感であった。

非公式な折衝の場では、彼は対等に発言し、特には居丈高になって、相手を押さえつけようとすることもあった。栄之助は、単なる通訳をするだけの人間ではなかったのである。

このような栄之助の姿に外国人からの悪評も込められていたのである。堀達之助と本木昌造の脱落に、森山栄之助（多吉郎）が係わっていたのか、いなかったのか、状況証拠にしか過ぎないが、安政二年頃の彼等の行動を明らかにしてみることにする。

安政元年（一八五四）三月に日米和親条約が結ばれてから、浦賀や下田には、異国船の入港が急激に増え、通訳に当たるオランダ通詞の不足が痛感された。それまでは、江戸の天文台詰の通詞が、外国船の来航があると浦賀や下田に駆けつけ、通訳に当たった。

森山栄之助（多吉郎）の動向は、安政元年十二月二十一日の日露和親条約の締結まで下田でそれに掛かっていたことは分っているが、その後、江戸に戻ったのか、下田に残ったのか、それとも戸田でロシア船の建造に係わったのかはっきりしない。十二月十四日付けの老中達しの「魯西亜条約相済み候上は、（途中略）右場所（戸田村のこと）取締りとして上川伝一郎・横田新之丞等の外、中村為弥並に御勘定壱人・御徒目付壱人・御普請役（栄之助のこと）・御小人目付の義は、相応に人数相増し、付け置き候様相心得、何れも帰府致さるべく候（以下略）」をどのように解釈するかである。この老中の通達を私流に直してみると「ロシアとの条約交渉が終わったならば、今度は、戸田村で行っているスクーナー（ヘダ号）建設の監督に上川伝一郎、横田新之丞が担当し、その他、中村為弥と勘定（会計）係一人、御徒目付（監視役）、御普請役（森山栄之助のことであろう）、御小人目付などについては、必要に応じて配置し、その他は、みんな江戸へ戻るように」という指示であったと思う。だから、森山栄之助（多吉郎）は戸田村に残った可能性も高いと思うのである。

領事条項の撤廃を交渉するために川路聖謨たちが江戸を出発したのは、安政二年二月十二日である。おりから聖謨の養父は重病で危篤に陥っており後ろ髪を引かれる出立であった。その時、栄之助は川路と同行していたようで、川路の日記には、急御用状が到来したので、付添の御普請役に取り調べを申し付けると書いている。川路は、森山のことを、日記に栄之助と普請役とに使い分けている。ともかく森山は、前年、日露交渉が終わった時点で一度江戸に戻っていたとも思われる。もし、森山栄之助（多吉郎）がヘダ号建造にも係わっていたならば、恐らく安政元年十二月いっぱいは戸田村にいて、年が明けて江戸に戻ったら、二月にはまた、川路聖謨に随行して下田に戻ったという慌ただしさであったであろう。

川路聖謨一行は、二月十八日に下田に到着した。今回の交渉団は川路聖謨を中心に勘定奉行の水野筑後守忠徳、あと一人は、岩瀬忠震で海防掛目付であった。なお、この時の下田奉行は都筑駿河守で、川路の弟井上清直は勘定吟味役に抜擢され、下田港取り締まりに任じられ、そのまま兄川路たちと前後して赴任してきた。下田奉行昇任を予定しての人事であった。

川路たちが下田に着いた時、下田ではアメリカ女性が滞在していて問題になっていた。実は、日米和親条約締結の噂を聞きつけたアメリカ船カロライン・フート号が一月二十七日に下田に入港してきた。これを知ったロシアのポシェット中佐は、船長と交渉し、戸田にいるロシア兵を輸送する契約を結んだ。カロライン・フート号には女性を含めて十一名の乗客がいたが、これを下田に下ろし、二月九日には戸田へ向った。残された女性は三人で、船長の妻三十五歳、操舵手の妻二十歳、乗客商人ダハティの妻二十三歳であった。特にダハティの妻は美人で、聖譔は、「今日、アメリカの美人を見るに、髪くろし。絹にてあみたる頭巾をかぶり、瓔珞のごときものをさげたり。こしの細きこと、蜂の如し。日本女の半分もなし。肌の白きにほこりて、紗のごときものをきて、肌をみすることも有るよしなり」と記している。

それはともあれ、アメリカ人家族の下田玉泉寺滞在（注）は、幕府の頭を痛める大問題になった。川路たちは、下田に着いてこの問題や領事条項について話し合いたいとプチャーチンを呼んだが、どうしても戸田を動こうとしない。止むを得ず、川路は二十三日に戸田へ向った。早速、プチャーチンと領事条項の撤廃についての交渉に入ったが、「条約文を本国へ送ってしまった」の一点張りで、埒があかず、そのうち、二十五日にはカロライン・フート号は、ロシア兵一五〇人を乗せて、幕府に無断で出帆してしまった。

結局、この交渉は幕府の満足するような結果を出すことが出来ず、川路は、交渉の経過を報告するためにいったん江戸に戻った。報告を済ませると、プチャーチンとの交渉を続行すべく、三月二十日、三たび下田へむかった。ところが藤沢まで来た所で戸田から書状が届いた。プチャーチンが新造した小型帆船へダ号で、十八日に出帆してしまったというのである。

ヘダ号が二月の終りごろ進水し、完成も間近いことを知っていた幕府は、「交渉することがあるので使節のプチャーチンは、乗って行かないように」と通詞の本木昌造を通して、くれぐれもと申し入れていた。それを無視してプチャーチンは出帆してしまったのである。

昌造が四月になって病と言い立てて戸田を離れ、長崎に帰っていったのは、このこととは無関係ではないと思われる。昌造が責められたか明らかではないが、恐らく責任を感じ、気に病んでいたのであろう。昌造の後任には、たまたま参府休年の商館長献上物付添通詞として江戸に来ていた楢林量一郎が命じられた。

安政二年（一八五五）は、日米を初め各国との和親条約が締結された翌年で、それを聞きつけた各国の船が長崎や箱館、下田に続々と入港してきた。下田では、ロシア兵を運んだカロライン・フート号を始め、二月にはヤング・アメリカ号が、三月にはフランス軍艦コンスタンチーヌが入港してきた。又、同じ三月末頃にはアメリカ測量艦二隻が入港した。

四月になるとすぐにアメリカ商船ハンコック号が入港し、カロライン・フート号もロシア兵をカムチャッカに送り届けて戻ってきた。下田の町を騒がせたカロライン・フート号は、アメリカ人家族を乗せて二十一日に出帆していった。

川路たちも肝心の交渉相手のプチャーチンが居なくてはどうしようもなく、江戸に戻ることになり、カロライン・フート号出帆の翌日は、下田奉行を新任の井上信濃守に引き継いだ都筑駿河守が江戸へ出立し、二十三日には川路・水野・岩瀬たちが間をおいて出発していった。

森山栄之助（多吉郎）は、支配勘定役の上川伝一郎とともに戸田に残ることになった。それは、幕府が戸田で新造した小型帆船ヘダ号の優秀性を認識し、同型の船をさらに造らせようとしたためであった。

「これまで魯人打立て中、付切り骨折り相勤め、功者にもこれあり候間、（上川）伝一郎を戸田村へ差し遣わされ、同様事馴れ候御普請役（森山）ども附き切らせ、受負等には致さず、御入用積取調させ、仕立中は見届仕事にて、無益の御入用相掛けざる様、精々吟味詰め、右場所（戸田村）において打立てさせ候方」（菊池隆吉留記、『下田日記』）、これは、「ロシア人がヘダ号を建造中、上川伝一郎は、側について監督したので、建造方法もよく分かるようになった。この度、幕府でも同様の船を建造するので、これも船の建造によく馴れた森山栄之助（多吉郎）を付き添わせ、責任をもって建造するように。なお、費用は出来るだけ節約するように」という意味のことであるが、この時の森山栄之助（多吉郎）の動向は、この記録から知ることができる。

まだ、戸田村には二七八名のロシア兵が残されていた。

さて下田では、五月に入り、異国船騒ぎも治まり、あと一人残っていた下田奉行の伊沢美作守もそろそろ引き揚げの準備にかかっていた。すると二十一日にアメリカ国旗を掲げたドイツ船グレタ号が入港してきた。アメリカの傭船とはいってもまだ条約外のドイツ船である。下田には、緊張が走った。グレタ号を雇っていたドイツ商人リュドルフは、アメリカのチャーター船だから問題ないのではないかと言い、残りのロシア兵を送還したいと申し立てた。戸田村に残るロシア兵の処遇に苦慮していた幕府は、これ幸いとばかり特例としてドイツ人リュドルフたちと積荷を玉泉寺に収容することを許した。グレタ号は残るロシア兵全員を乗せて六月一日戸田港を出帆し、カムチャッカへと向った。

ところが、グレタ号はオホーツク海上で折から遊弋警戒中のイギリス艦に発見拿捕され、ロシア兵はグレタ号もろとも箱館から長崎を経由して上海へと送られた。

堀達之助が、リュドルフの下田奉行宛て書簡を、自己判断で勝手に処理したことが発覚したのは、グレタ号の行方が分らずみんながやきもきしていた六月の終り頃のことであった。単なる一商人の「国交・通商開始」の請願書などは、外交文書としての体をなしていないと勝手に決め付けて握りつぶしたのを咎められたものである。

この時の下田奉行は井上信濃守清直と七月に赴任してきた岡田備中守であった。そうして、量一郎の日記で明らかになったことであるが、岡田奉行と前後して七月十八日に森山栄之助（多吉郎）も江戸から下田にやって来た。もし、森山が戸田村でグレタ号の出帆を見送ってから江戸に帰っていたならば、六月始めに江戸に戻り、さらにひと月後の七月始めには下田に来るという、江戸滞在僅か一月という慌しさであったであろう。

吉村昭氏の小説『黒船』では、この井上信濃守や水野筑後守よりも森山栄之助と達之助のかかわりを重視して描いており、しかも、非常に詳しく具体的に記述しているので、このくだりのことは真実であるかのように見える。もし、確たる証拠に基づいて描いているならば、特に異議を挟むものではないが、状況証拠から見ると、この事件への栄之助のかかわりは薄かったのではないだろうか。

なお、達之助と前後して江戸へ戻っていった栄之助は、達之助とはますます違う道を突き進むことになった。翌安政三年に下田に来航して幕府を驚かせたハリスは『日本滞在記』のなかに、森山を「外国事務相の役宅附の者」と呼んでいる。外国事務相とは堀田備中守正睦で、正睦は、安政二年十月、忙しい阿部正弘に代って老中首座に座り外国事務も担当することになった。恐らく、森山は下田から江戸にもどると、すぐに堀田備中守の屋敷に呼ばれ、外交関係の仕事を助けたのであろう。それは、来たる外交多難な時代に備えての布石であったと思われる。

ともあれ、安政三年（一八五六）七月二十一日に幕府が全く思いもよらなかったアメリカ総領事タウンゼント・ハリスが、下田に来航してきた。

＊注　アメリカ女性下田滞在問題　「日米和親条約」では、アメリカ船が薪・水・食糧・石炭などが欠乏した時に下田・箱舘に入港を許す（第二条）とあったが、カロライン・フート号は、商売を目的とし、入港の条件に合っていなかった。また、カロライン・フート号がロシア兵を輸送している間、残された家族は、下田の寺院に滞在

し、町中の話題となった。これもまた、条約の規定に違反するものであった。

第四章　日米修好通商条約

ハリス、下田に上陸

安政三年七月二十一日（一八五六年八月二十一日）、タウンゼント・ハリスは、アメリカ軍艦サン・ジャント号で、下田に入港した。ハリスは、ニューヨーク市の教育局長の職を四十四歳で辞職し、以後東洋各地を旅行して過ごし、一八五五年に中国寧波のアメリカ領事に任じられたが、赴任することなく、日本総領事になるべくワシントンへ向った。ペリーの日米和親条約締結（安政元年三月三日＝一八五四年三月三十一日）の日から日本へ派遣される外交官となるべく、各方面へ働きかけをしていたのである。ハリスは、八月四日に大統領ピアスに面会を求め、その日に日本総領事の仮任命を受けている。彼は、単なる領事としての資格だけでなくシャムと日本との新しい条約締結の全権委員としての資格も与えられていた。一八五五年十月十七日にはニューヨークを出発し、マレー半島のペナンでサン・ジャント号に乗り、通訳のヒュースケンと合流した。翌年（一八五六）四月にはバンコクでシャムとの通商条約の交渉を行い、六月末には締結を済ませ、日本へと向ったのである。

ハリス来航時の下田勤務通詞は、名村常之助と立石得十郎であった。堀達之助は、前の年九月に、江戸に送られ、小伝馬町の牢に入れられ、もう一年近くになっていた。

二十一日に入港してきたサン・ジャント号に乗り込んできたのは、下田奉行所役人と通詞の名村と立石で、ハリス来航の目的が知らされた。こうして、ハリスが日本へ駐在する外交官であることが至急江戸へ知らされた。下田在勤の奉行は岡田備後守で、江戸在府奉行は井上信濃守清直であった。井上信濃守は、幕府からハリスとの対応を命じられ、七月二十五日、江戸を出て、二十八日には下田に到着している。

一方、森山栄之助（多吉郎）は、二十五日には下田に着き、下田奉行に表敬訪問してきたハリスと会った。この日は、岡田備後守が、自分の代わりに副奉行（下田奉行支配組頭）の若菜三男三郎と森山栄之助（多吉郎）が対応すると紹介している。岡田備後守は、井上信濃守が下向して来るまでは、この二人に折衝を任せようとしたのである。ハリスはこの時にはあまり気にとめなかったようで、日記に書きもらしているが、翌日の日記に付け足している。ともかく、栄之助（多吉郎）の身分は調役（組頭の次で一五〇俵二十人扶持）並勤方という資格で出席していた。

ハリスは、森山のことを最初は、上席通訳と言い、その後では「江戸から来た人物」と言い、翌日には「江戸の役人」、「江戸から差遣の役人森山」など様々な言い方で表現しているが、森山が単なる通詞なのか、それとも大きな権限をもった人物であるのか図りかねていたようである。

ともかく、ハリスの来日最初の日本側との交渉は、二十六日から下田奉行組頭（副奉行）の若菜三男三郎と江戸の役人森山との間で激しいやり取りが交わされることから始まった。二人は、ハリスのアメリカ領事としての赴任を拒絶したのであった。その理由として「下田条約（付則）には、領事を置くことが出来るとあるが、両国で必要があると認められる場合は、両国話し合いの上で置くことが出来るのであって、今、日本側では領事設置の必要は感じていない。もし、アメリカ側で必要を感じているならば、そのために使節を派遣すべきではないか」というものであった。ハリスは「両国の間で問題が生じないようにするために領事を置くのであって、もし、置かせないというのならそれは条約違反である」と強硬に主張した。

二十七日には、森山栄之助（多吉郎）が、九名ほどの下役を連れて、ハリスと応対し、領事設置の時期尚早と設置の必要性を話し合う使節の派遣を要請しようとした。ハリスは、森山の資格を問題にし、奉行か副奉行との対話を要求し、出来なければ直接江戸へ向うと威嚇した。

二十八日には、井上信濃守も到着し、副奉行（組頭）若菜三男三郎や森山らを連れて応対し、ともかく、領事設置のことはさておいて、上陸し仮館に入り、今後の交渉は下田において行なおうということになった。

八月六日には、両奉行揃ってハリスと折衝し、何とかハリスを日本から退去させられないかと繰返し要請した。これに対し、ハリスは断固として拒絶し、夕方には、サン・ジャント号はハリスと通訳のヒュースケンを残したまま出港していった。

幕府は止むを得ず仮滞在所として玉泉寺へハリスを入れ、栄之助（多吉郎）がハリスの面倒を見ることになった。ハリスは、森山に牛乳を求めたり、山羊や豚を放し飼いにしたいといったり、少年を二名雇いたいといったりしててこずらせているが、ハリスの森山に対する印象はすこぶる悪かった。『日本滞在記』には、森山を「大きな嘘のかたまり」とののしっている。

このハリスの強硬な態度に幕府もついに折れ、八月二十二日、ハリスの下田駐在を認めその後の交渉にも応じることにした。その命を受けた目付の岩瀬忠震は、二十八日に江戸を船で出発し、翌二十九日には下田に着くと両奉行に通達し、自らもハリスとしばらく交渉した。実は、幕府の態度の急変は、ハリスの頑張りということよりも、アジア情勢の切迫化が背後にあった。クリミア戦争で勝利を収めたイギリスは、さらに日本へ迫ろうと香港総督ボウリングにイギリス艦隊を率いて日本へ出発する準備を始めていた。このことは、オランダを通じて幕府に知らされていたのである。

この頃、森山栄之助（多吉郎）は多忙を極めていた。ハリスが下田に来る前の七月八日に長崎に入港したオランダ軍艦メデュサ号が九月三日には下田に箱館から回って入港して来た。メデュサ号の艦長はファビウス中佐で、商館長ドンケル・クルチウスを通じて長崎奉行にヨーロッパの情勢を知らせた後、下田港の視察とハリスの動きを探るために航海してきたのであった。また、十月に入るとロシア軍艦オリヴツア号が入港して来た。さらに前年日本近海を測量して回ったアメリカ測量艦が再び来航して来ないかと幕府は気を揉んでいた。

幕府のハリスへの態度の変化は、具体的には安政三年十月二日（一八五六年十月三十日）から始まる。この日に、両下田奉行がハリスの居住する玉泉寺へ公式訪問したのである。この頃になるとハリスは栄之助（多吉郎）のことを「私の最も親しい友人の森山栄之助」（十月二十一日）と記すようになっている。

いよいよ幕府、つまり老中阿部伊勢守正弘は、真の意味での開国、通商を始める決心をしたのである。岩瀬忠震が下田から江戸に戻った二日後の十月十七日には貿易取調掛を設置し、老中堀田正睦を外国事務取扱に任じた。

それから間もなく下田奉行の岡田備後守が江戸に呼ばれているが、恐らく森山栄之助（多吉郎）も同行したものと思われる。それは、ハリスの『日本滞在記』の安政四年一月二十五日（一八五七年二月十九日）に「備後守が副奉行と主席通訳の森山栄之助とを連れて、江戸から戻ったことを知る」と記しているからである。

いよいよ、これから日本とアメリカの条約締結に向って本格的な交渉が始まる。そうして下田に帰る前に森山栄之助は勘定方調役並に昇進し、「多吉郎」と改名したとハリスは言っている。それまでは普請方調役並であったので、勘定方になったことが昇進ということになったのであろう。しかし、楢林量一郎の日記では、もう二年前から「多吉郎」と名乗っていた事がわかっている。恐らく、量一郎の記述が正しいのであろうが、何らかの事情で、それを公式に名乗るのはしばらく控えていたのかもしれない。

ともあれ、これ以後は森山多吉郎の名前で通すことにする。なお、ハリスの『日本滞在記』では、安政四年一月以前の記述に多吉郎と栄之助が混在しているが、恐らく、後日書いた記録であるための間違いであったのだろう。

いよいよ、開国＝日米修好通商条約締結へと舵を切った。通商条約締結にあたって、まず、下田で下田奉行とハリスの間で予備的な会談が行なわれ、五月二十六日に九か条からなる「下田協約」が調印された。それを元にハリスは江戸に上り、将軍に謁見し、その年の暮れから通商条約の交渉が行なわれた。そうしてようやく翌安政五年正月十二日までに通商条約の調印をしようというところまでにこぎつけた。しかしながら、実際に調印されるまでにはさらに時間がかかった。このことについては、後に譲ることとして、この下田協約と通商条約という二つの交渉の全てに森山多吉郎は、通訳として、あるいは当事者として係わったのである。

森山多吉郎については、幕末の外交交渉に当たった外国人の記録のほとんど全てに、彼の姿、行動、言葉などが記されている。しかし、彼自身は、いっさい行動や思いなどは記録に残していない。ただ一つ、下田奉行とハリスとの交渉の一部始終を記録し、それを外国事務担当の老中堀田正睦に送った「森山多吉郎日記」があるのみである。では、ハリスの記録『日本滞在記』と森山の「森山多吉郎日記」を頼りに、通商条約が結ばれるまでの様子を追ってみよう。

「森山多吉郎日記」にみるハリスとの交渉

森山栄之助（多吉郎）の日記は安政四年正月二十六日（一八五七年二月二十日）から始まっている。ハリスの『日本滞在記』では「二月二十日、副奉行（松村忠四郎）と森山が、江戸から戻ってきたので私を訪問する」とある。日記には、挨拶を済ませた後、下田奉行岡田備後守の訪問の日どりについて打ち合わせている。その後、ワシントン祝日の祝砲のことなど雑談をし、酒を一瓶づつ贈られたと報告している。

翌日は、岡田備後守が玉泉寺を訪問し、日本刀などの贈物をした後、かねて希望のあった奉行役宅への訪問を要請し、ハリスは喜んで受けている。ハリスの奉行役宅訪問は、二月一日に行なわれた。酒抜きの昼食の後、井上信濃守自らのお手前で、茶の湯を接待し、使った茶道具をそっくりハリスに贈っている。これらのことは、ハリスも多吉郎も詳しく記述している。

「森山多吉郎日記」は、最初の方では微に入り細に入り記述して報告しているが、条約が結ばれた後は次第に簡略になり、安政四年十月二十三日（一八五七年十二月九日）で終っている。

会談が始められた頃の二月一日の記録は、ハリスは雑談の中身を詳しく書いているが、「日記」には、それには触れていない。しかし、ハリスが書かなかった奉行の交渉を始める期日の質問はきちんと書いている。それには、ハリスは翌日からでも良いと答えており、早速二月二日から交渉が始まった。

この日は、以前にハリスが幕府に出していた条約草案に対する回答書を手交することから始まった。回答書（返簡）は、森山多吉郎が翻訳したオランダ語で書かれており、ハリスは「ヒュースケンに英文に翻訳させてからゆっくりと検討したい」と答えた。

重要な案件については、後日に回すことにして、早速、通用通貨のドルと一分銀の交換に就いて話が始まった。幕府は、貨幣の問題が、国の経済に大きな影響を与える重要な問題であることに少しも気付かず、単なるドルと一分銀との交換の問題だと考えて、うかうかと話し合いの俎上にのせてしまったのである。

貨幣交換比率の問題は世界には様々な貨幣があって一筋縄ではいかない複雑な事情が絡み合っていた。ところが、幕府は、日本通貨と外国通貨の変換の問題だと単純に考え、ドルを一分銀に変換する時に、ドルを日本通貨一分銀に吹きかえる際の吹き減りの割合や手数料にしぼって議論が始まった。これだけのことでさえ、五パーセントと六パーセントの違いを巡って双方が強硬に主張し、その日は結論が出ず後日に回された。

実は、議論が白熱した吹きかえの手数料問題よりも、日本と世界とでは金と銀との評価に大きな食い違いがあり、そのことを無視して通貨交換の条約文を作成してしまったために後に大きな禍根を残した（注）。

江戸時代の通貨制度では、一分銀四枚で金一両と交換していた。一分は銀二匁三分であるから一分銀四枚で銀九匁二分となり、それを金二匁（幕末の一両）と交換できるのであった。しかし、世界は、金と銀の価値は十五：一で、金二匁ならば銀三十匁以上でなければ交換できなかった。

そこで、通商条約締結の後には、ドルを大量に持ち込んで、一分銀に替え、それを四分にして金一両の割合で金買いを行ない欧米の商人は大儲けをしたのであった。時ならぬゴールドラッシュで、日本から金が大量流出し物価が騰貴し、人々の暮らしは困窮し、幕府倒壊の原因の一つとなった。この時には、日本人はだれもそのことに気がつかなかった。それも当然で長い鎖国により世界の常識を全く知らなかったからで、交渉に当たった幕閣の老中堀田備中守、井上信濃守、岩瀬伊賀守、また森山多吉郎たちを責めるのは酷な話であった。

さて、翌二月三日（二月二十六日）会談は続行し、ハリスは、領事裁判のことを持ち出したが、日本側は何等の異議もなく同意したので「快心とともに大いに驚いた」と『日本滞在記』に記している。「森山多吉郎日記」には、この治外法権に係わる提案については書かれていない。恐らく、井上・岡田両奉行も森山も、異国人の犯罪は、異国政府が裁くという法制度は、日本古来のやり方であったため、当たり前のこととして見過ごしてしまったのである。

これも、明治時代になり、不平等条約のシンボルとして非難攻撃され、条約締結に係わった人物は、歴史上から全く忘れ去られ、条約改正に力を尽した人物が高く称揚されている。しかし、領事裁判の問題も彼ら個人の責任ではない。これが日本の常識であった。もし、外国人を日本人が裁き、日本の牢舎へ収容するようなことがあると、汚れた夷荻を日本の国土に入れたと、批難轟々それこそ国内は鼎をひっくり返すような騒ぎになったであろう。当時、誰が担当してもこのような結果になったことは疑いない。

つまり、この治外法権の条文を批難することは、幕府を貶め、明治政府を称揚するために意図的に情報操作されたものなのである。

さて、本題に戻ってその日、最も沸騰した議論は、「日蘭協約に基づいてアメリカ人にも土地の賃貸や建物の購入等を自由にさせよ」というハリスの要求であった。

「森山多吉郎日記」には、「阿蘭陀条約第十二条・十三条の内容を、亜米利加条約第九条によってアメリカ人にも適用させよ」と書いてあり。それに対して奉行が「その条約書はここに無いので一度見てから回答する」というところで終っている。

これに対してハリスは、奉行たちが非常に驚いて、そのような条約は結ばれていないとか、オランダ人との関係は非常に古いもので現在の事情とは関係がないとか、その特権はオランダ政府に与えられたもので、一般のオランダ市民へのものではないとか、色々言い訳した、と書き、恥知らずの虚偽は日本外交の立派な見本であると切って捨てている。

この問題は繰返し議論され、二月十五日には「日本人の嘘に慣れきっている私をさえ驚かすようなことを言い出した。彼らは、オランダとの協約は存在しないこと、それは誤った情報であることをはっきり言明したのである。私は彼らに、私が昨年の十月、オランダのフリゲート艦メデュサ号において直接自分の目でそれを見たと多少手厳しく言ってやった。すると彼らは、それはまだ批准されていないと言った。（中略、議論は延々と続く）時刻はすでに四時過ぎであった。私は翌日の会見を約して、きわめて険悪な会見を閉じた」とハリスは、長々と書いている。

それに対して「森山多吉郎日記」ではそのあたりのことが抜け落ちており、『日本滞在記』との照合も合わなくなっている。恐らく、ハリスは後日記憶をもとに滞在記を書いているので、日時の食い違いや、複数の日にちのことを纏めて書いたりしているようである。

例えば「森山多吉郎日記」では、二月七日にハリスが、人払いを求めてアメリカ国務長官の文書を見せて恫喝したとあるが、ハリスの『日本滞在記』には八日の項に書かれている。

その国務長官の文書とは次のような内容である。

「一　日本人をして温和に条約を正しく解するよう導くは我が政務の趣意なり。若し日本人、速に充分此の趣意を守らざる時は、大統領、猶予なく他の法を企つべし。
一　日本と通交を求めし失費、並に我国人の有益、なお我国人の性分に於いても条約に反する取扱を忍ぶことを得ず。
一　依って汝日本の高官に告げ、我希ひを空しくする時は、日本人の防ぎがたき法をもって我が趣意を貫くをしらしむべし。」
どうしても言うことを聞かないならば武力を行使するぞと脅したのである。しかも、それは単なる脅しではなく、目の前でイギリスがアヘン戦争やアロー号事件で中国を蚕食している最中での脅しであった。

安政二年九月三十日（一八五五年十一月九日）の日蘭和親仮条約には、「第十二条に出島商館住居土蔵等長崎奉行取計を以て譲請滞在の阿蘭陀高官のもの、支配いたし入費は阿蘭陀商館にて取賄可申。第十三条出島内土蔵住居修復取建取払或は変革等の節長崎奉行へ相図阿蘭陀商館脇荷銀を以日本職人雇い材木等買入可申」（第十二条　出島商館の住居や土蔵などは、長崎奉行の判断で、オランダ人へ譲ることができる。必要な経費はオランダ商館で支出する。第十三条　出島内の建物の改築については長崎奉行に報告し、費用は商館の個人的な財源から支出することができる）と確かに書かれてあった。

この事についてハリスは、日米和親条約第九条の最恵国待遇の条項で、アメリカにも適用することを迫ったのであった。

この日蘭和親仮条約を結ぶに当たって、これまで長い間出島で貿易を行なっていたことを考慮して、十二、十三条で出島内の建物は、オランダ人が自由に処分してよいことを認めたものであった。しかし、他国の条約に及ぼす影響を心配した幕府は、仮条約の批准に待ったをかけ、改めて十二、十三条を外した日蘭和親条約に対して十二月二十三日（一八五六年一月三十日）に調印したのであった。このことは批准が終るまで秘密にされていたので、仮条約の条文を持ち出して主張するハリスに対して反論することが出来ず、様々な言い訳をしてあくまでも認めなかったため、ハリスは、日本人は嘘つきだと罵り怒り狂ったのであった。

通貨交換手数料の割合の問題とアメリカ人にも永住権をみとめよという問題は、どうしても決着せず、時間だけがどんどんと延びていった。

そのような中で、森山多吉郎は、両奉行の通訳ばかりでなく、彼自身の言葉でハリスと折衝していることが「森山多吉郎日記」に記されている。例えば、二月十九、二十一日には、多吉郎一人でハリスの宿舎を訪れ、話し合っている。

この頃、風邪が流行り井上信濃守と組頭松村忠四郎も寝込んでしまった。そこで、井上奉行は、いつも交渉の場に立ち会っている多吉郎に、ハリスのもとへ行って、何としても両替手数料一パーセント上げを承知させるよう命じている。多吉郎は止むを得ず一人で出かけて、ハリスと話し合っている。

この時の多吉郎の報告が面白い。だいたいこのような交渉事には、一人で行くということは、この時代ありえなかった、又一人でするものではなかった。

二月十九日、多吉郎は、一人で行く事態にはならないようにと、何時も同席している伊東貫斉に声をかけたところ、貫斉は、「側にいて黙っていたら、ハリスが監視役のスパイだと怒るだろうから遠慮する」と言った。そこで「貫斉は英語稽古をしているので、そのつもりで時々発言すればいいのでは」と多吉郎が言うと、貫斉は「英語稽古は定例日があり、昨日がそうだったので、今日は出来ない」と断っている。多吉郎は止むを得ず一人で出かけた。ハリスの宿舎玉泉寺の門前に来ると通詞の志筑辰一郎がたまたまいた。そこで、同道しようと声をかけたところ、辰一郎は、ハリスから下田奉行への抗議の手紙を預かっており、今から奉行所へ行くところであった。多吉郎は、仕方なく一人で寺内に入り、ハリスと交渉している。しかし、ハリスはにべもなく拒絶し両替手数料の引き上げに応じようとしなかった。とうとう多吉郎は「私も、アメリカとの交渉について四年来勤めて煩労しておリ、親族朋友とも音信が絶えて朝暮苦心しております。このことを御汲み取り下さり、何とか六分に決めてはくださらないでしょうか」と泣き落としまでしているが、そんなことで落ちるハリスではなかった。

二月二十一日にも結局一人で出かけることになり、その日は、手数料と居住権の問題に話が及び、多吉郎が、これらのことについてはこちらのほうに理があると言ったところ、ハリスは、この二件について拒むならば戦争になるぞと脅している。

多吉郎も「謂れのない戦争は、出来るはずがない」と負けてはいないが、その日も全く進展が無かった。

しかし、もうこの頃から、幕府は開国の方針を決めていたのである。ハリスと下田奉行たちが激しくやりあっている頃の二月一日、長崎ではオランダ商館長ドンケル・クルチウスが、前年十月（西暦）に中国で起こったアロー号事件を知らせ、幕府の通商拒否方針の危険なことを警告したのであった。アロー号事件とは、一八五六年十月八日に清国の官憲が香港船籍のアロー号の中国人乗組員を海賊容疑で逮捕し、イギリス国旗を引き下げた事件である。これに抗議した広東駐在領事のパークス（後の日本駐在公使）は、香港政庁総督のボウリングと図って、清国が謝罪するのを無視してイギリス艦隊を動かして広東市を焼き払ったのである。当時のイギリスの侵略性をよく現すものとして有名であるが、総督ボウリングはこの余勢を駆って艦隊を率いて日本に開国を迫るべく来航しようとしていた。

ひとたび対応を誤ると清国の二の舞になることを恐れた幕府は、もうこのころから通商開始やむなしとの判断を固めていたのであった。

三月二十一日にも、多吉郎は一人でハリスを訪ねている。「森山多吉郎日記」には小事三件と断り、軍艦入港時の祝砲のことと書籍購入の件、時計の鎖の金細工についての話し合いの結果と酒の席でのハリスがとうとうと述べたイギリス脅威論を報告しているが、ハリスの『日本滞在記』には、時計のこともイギリス脅威論のことも書かかれておらず、代わりに多吉郎が書かなかった彼の質問について詳しく記している。

森山多吉郎は、ハリスに「今から質問することは空想（夢）としてうけとり、すぐに忘れて欲しい。もしも、下田奉行において貴下と通商条約を結ぶ意思があるとすれば、貴下はいかなる態度をとられるか」という質問をした。ハリスはそれに答えて、将軍に直接渡されなければならない書簡は、江戸でなければならない。評議についてはそれとはまったく別で、全権状を持った適当な人物であるならば、いつでも評議する用意があると告げている。

それに対し、森山多吉郎は、奉行たちがオランダ人と通商条約を評議している事実はないこと。奉行たちが条約に関して評議すべき用意ができ次第、ハリスと行ないたいとの意向を有していることを明言した。このようにハリスは記録しているが、多吉郎はその日記には、まったく触れていない。しかしながら、多吉郎の発言は、それとない条約締結へのサインであったのである。そうして、「オランダ人と通商条約の評議をしていない」ということは、半分は事実で半分は虚偽であった。なぜならば、幕府は、通商条約締結は時間の問題だと見ていたので、気心の知れたオランダとの間で、そのための土台を固めようと、長崎で六月から日蘭追加条約の交渉に入っていた。八月二十九日（十月十六日）には調印を済ませ、さらに九月七日（十月二十六日）には日露追加条約を調印した。これは、和親条約の追加という体裁をとっているが事実上の通商条約で、この既成事実をもってハリスと日米通商条約作成に当たろうとしたものであった。この時、長崎での日本側全権は水野筑後守忠徳と岩瀬伊賀守忠震であった。

このように、下田奉行井上信濃守清直と森山多吉郎が、ハリスと下田で丁々発止とやりあっている間、長崎で、オランダやロシアとの間で、通商条約締結の小手調べというか、土台となるものを話し合っていたのであった。

ハリスとは、井上・岡田両下田奉行との間に九カ条の下田協約が五月二十六日（一八五七年六月十七日）に締結された。しかし、まだこれは完全なる通商条約ではなかった。この条約は、日米和親条約の内容を少し拡充したものであり、通商条約までには、更なる評議が必要であった。

幕府は、下田協約と日蘭追加条約をもとにして、まず、ハリスとの間で日米通商条約の話し合いを行なうことにしていた。そうして、日米通商条約締結交渉は、日蘭追加条約の岩瀬伊賀守忠震と下田協約の井上信濃守清直の二人が当たることになった。

さて、難航の末に結ばれた下田協約であるが、内容はどうであったのだろうか。

第一条、長崎開港を追加すること。

第二条、下田・箱館では、アメリカ人の住居を許し、必要な品物を購入することが出来る（これは、ハリスの粘り勝であった）。

第三条、貨幣の両替は、金は金、銀は銀で計って交換し、手数料として六分を日本へ渡す（六分は、日本の主張を通したが、この問題には大きな落とし穴があった。その第一は、はじめ日本側は一ドルと銀一分を等価としたが、重さで計ると一ドルは約三分銀であったので、三分の一に価値が下がったことになる。それによって日本国内では四分銀で金一両と交換できるのだから、大変なことになったのである）。

第四条、治外法権（無知であった日本はあっさり認めたが、後に禍根を残した）。

第五条、長崎、下田、箱館でアメリカ船の修繕が出来る。

第六条、領事は国内を自由に旅行できる権利がある。しかし、当分この権利を行使しない（異国人に神聖な国土を踏み荒らされると、攘夷運動の火をつけることが予想されたからである）。

第七条、領事は、自由に日本商人から品物を買うことが出来る。

第八条、この条約はオランダ語で結ばれる（解釈の食い違いを防ぐため）。

第九条、条約施行の日にちは一部の条文を除いて調印の日から実施。

まだ、和親条約の補充という域をでていないが、日米通商条約は、この協約を元にして作成されることになるのである。

多吉郎の日記では、下田協約調印の日のことは記されておらず、それ以後の記録は急激に少なくなって行く。そうして、今度はハリスの江戸出府にかかわる準備の行動が記されるようになる。閏五月十八日（七月九日）の項には、井上信濃守と同行して下田を出発し、閏七月二十六日に江戸に着いたと九日分をまとめて書いている。江戸では江戸城に登城したり、堀田備中守正睦の屋敷に行ったりしたことを簡単に記し、七月三日（八月二十二日）にロシアから返上されたスクーナー（恐らくヘダ号か）に乗って品川を発ち、五日（八月二十四日）に下田に着いたと書いている。

実は、その間幕政を引っ張っていた老中阿部伊勢守正弘は六月十七日（八月六日）、三十九歳の若さで急死していたのであった。阿部正弘の跡を引き継いだ堀田正睦は、その間も開国の路線を推し進め、多吉郎は井上信濃守と繰返し江戸との間を往復し、ハリス出府の準備を進めていった。ちなみに、それから、八月十日（九月二十七日）に下田を出て十五日（十月二日）に江戸に着き、九月七日（十月二十四日）に下田に戻り、十三日（十月三十日）には、また下田を出て十七日（十一月三日）江戸に着き、ようやく実現するハリスの出府を待った。

＊注　通貨交換の問題　今日でも通貨交換（為替レート）の問題は、非常に複雑でデリケートであるが、同量等価ということで決着し、ドルも一分銀も同じ銀貨であるとして交換できるとした。そしてドルは、一分銀の約三倍の重量があることから、一ドルを三分で交換し、日本側は、ドルを一分銀に吹き替えるための手数料として六パーセント上乗せすることを要求したのであった。ハリスは五パーセントを主張して譲らなかったが、本当の問題は、金と銀の価値の差にあった。世界では金は銀より十五倍の価値があったから、ドルと一分銀とを替えると、十五倍も儲かることになったのである。

日米修好通商条約の締結

ハリスの江戸上府は、四面楚歌の世論の中、老中堀田正睦の決断により安政四年七月二十四日（一八五七年九月十四日）決定した。多吉郎と井上信濃守が江戸と下田の間を何度も往復している間、幕府は揺れ動いていたのである。

ハリスの通訳ヒュースケンの『日本日記』には、ハリス上府決定前後のことが記されており興味深い。それによると七月十六日（九月四日）、幕府は、ハリスの上府を認めるのか認めないのかはっきりしないという点で下田奉行とハリスの間で揉めに揉めている。そうして奉行たちは、このような行き違いが出るのは多吉郎の通訳が悪いと責任を取らせ、会議に出席させていない。ところが代わりのオランダ通詞（恐らく名村常之助と立石得十郎か又は志筑辰一郎）が二人出席したが、二人で多吉郎一人分もの語学力がないので、事態がますます紛糾していると書いている。これを書き記した翌日、下田にアメリカ軍艦ポーツマス号が入港して来た。痺れを切らしたハリスがこのポーツマス号で直接江戸へ乗り込むのではないかと懸念したのも、ハリス上府決定の一因であったと言われている。

上府決定の知らせが下田に届いたのは八月六日（九月二十三日）で、幕府が決断してから十二日めであった。このヒュースケンが書き記した事実関係については、多吉郎の日記ではまったく触れられていない。

ハリスは十月七日（十一月二十三日）、下田を発ち、陸路江戸を目指し、十四日（十一月三十日）江戸の宿舎（蕃書調所）に着いた。ハリスは、十八日（十二月四日）に老中堀田備中守正睦の屋敷を訪問し、二十一日（十二月七日）にいよいよ江戸城に登城、将軍家定に謁見し、アメリカ大統領の親書を奉呈した。

この五日後の二十六日（十二月十二日）、ハリスは再び堀田備中守屋敷を訪問し、二時間あまりにもわたって、世界の大勢と貿易開始論をとうとうと述べた。森山多吉郎は、将軍謁見の時もハリスの大演説の時も、全てを通訳したのである。ヒュースケンは堀田邸での様子をこのようにスケッチしている。

「一八五七年十二月十二日（安政四年十月二十六日）今朝十一時頃、宰相（老中堀田備中守正睦）の屋敷へ出かけた。彼は部屋の入口まで迎えに出てきた。我々は椅子に腰かけ、宰相と九名の委員と（井上）信濃守は床几に腰かけた。通訳の森山はひざまずき、通訳（名村）常之助がその後にひざまずき、頭を下げ、両手を床についていた。この男はそのままの姿勢で、会議の間じゅう身じろぎもしなかった。（略）この閣老会議首席との会談は、大君の謁見よりもはるかに重要であると思われた。大使（ハリス）は彼に対して日本の現状について雄弁な談話を試みた。蒸気船がもっとも遠く離れた国々の間にも連帯関係を打ち立てたこと、世界のすべての国がただ一つの家族になったこと。談話が宗教の問題に及んだときはすばらしかった。キリスト教が残酷な迫害によって壊滅して以来、この禁圧された宗教、その名前からして叛逆の雰囲気をただよわせている宗教を支持する声が敢然と発せられたのはこれがはじめてである」という内容であった。

ハリスの演説のポイントは、江戸に外国公使を迎え、居住させること。役人の仲介なく自由に貿易をさせること。開港場の数を増やすこと。以上の三点を含む条約ならばアメリカばかりでなく西洋の諸大国も受け入れるであろうということであった。そうして最後に「自分の使命は、あらゆる点で友好的なものであること。一切の威嚇を用いないこと。大統領は、単に日本に迫っている危難を知らせて、それらの危難を回避することが出来るようにするとともに、日本を繁栄、強力、幸福の国にするところの方法を指示するものである」と説いて大演説を終えた。

森山多吉郎の口を通して聞えるハリスの言葉は、堀田正睦を始め、列座する海防掛の幕臣たちに大きな感銘を与えたとヒュースケンは書いている。

この間のことについて「森山多吉郎日記」では、ハリス江戸城登城の日には「十月二十一日　使節登城、拝礼に付熨目麻上下ニ而御城に出勤致候事」とそっけない。

また、二十六日にハリスが堀田邸で大演説をぶった日は「二十六日、備中守御宅江使節参上ニ付平服ニ而罷出使節申立候趣其外御対話之廉々通弁致候事」とあっさり記録しているだけである。

なお、「森山多吉郎日記」は、それから通商条約談判の下打ち合わせや、ハリス演説の不明点の問い合わせなどで、蕃書調所へ通ったことを簡単に記し、十月二十二日（十二月八日）にハリスが貨幣鋳造所と孔子廟を訪問したいと言ったことについてのやりとりを詳しく記し、翌二十三日「御城江出勤蕃書調所江ハ不罷越候事」（江戸城へ出勤し、蕃所調所へは行かなかった）で終っている。

さて、いよいよ日米通商条約策定の談判が始まる。幕府は、十二月三日（一八五八年一月十七日）、下田奉行の井上信濃守清直と目付岩瀬伊賀守忠震（後に肥後守となる）の二人を条約談判委員に任じ、翌四日から交渉に入った。

交渉は、正月を挟んで正月十二日までの間に十四回の会議が持たれ、成案をみた。

交渉の経過について、ハリスは、『日本滞在記』に会談最初の十二月四日（一八五八年一月十八日）から、会談が終わり、条約文の清書を日本側に渡した安政五年一月十四日（一八五八年二月二十七日）までを記録しているが、あまり詳しくはない。

談判の様子は、ヒュースケンの『日本日記』に詳しく記されているので、かいつまんで紹介してみよう。

十二月四日（一月十八日）は、全権委任状の交換をし、ハリスの条約草案を日本側に手渡した。十一日には多吉郎が翻訳したアメリカ側の条約草案に対して、日本側が反論し討議に入った。

日本側が問題にしたのは、外交官の居住場所は江戸には認められない。追加の港は承認できない。但し、下田の代りに神奈川を認める。アメリカ商人は日本国内を旅行できない。開港場には居留地を設ける。貿易の決済には紙幣を用いるなどで、最初からハリスの意向と激突し、短い期間ではあったが激しいやりとりが行なわれた。

特に、国内旅行の自由については、絶対拒否の日本側にハリスは激怒し破談寸前にまでいたった。これは六回目の会談で十二月十九日（二月二日）のことであった。日本側全権の岩瀬忠震は「外国人が自由に国内を旅行すると人心を刺激し、内乱が起こる恐れがある。それならば、アメリカとの戦争になっても内乱よりもましだ」と極言したという。

ヒュースケンは通訳として同席していたが、この岩瀬の発言に感銘を受けたとみえ詳しく記している。

「大統領はこの帝国一つの利益のために、ハリス氏に命じてこの地に来たらせ、日本の政府に対して通達をおこなわせた。大統領は日本の利益だけを気遣っている。であるとすれば、なぜこの国の叛乱の原因となる問題にこだわるのか。このような混乱は決してこの国の利益にならない。国は開かれようとして、すでに門戸は開いており、おいおいすべての障碍が取り除かれるであろうが、しかし何もかも一時におこなうわけにはいかないのだ。（略）商人が国内を旅行する権利は、たんなる物質的利益のためである。さて、この金銭的な目的を、この国が混乱に陥ることとくらべたらどうか（この演説は、この交渉の間におこなわれた委員たちの発言のうちでも、もっとも思慮に富んだものの一つであり、その言葉は正しかった。日本は危険な立場におかれている。何らかの利権を与えなければ、戦争と征服で脅迫されるし、権益を与えれば、国民は叛乱を起すであろう）」

翌日早朝、あと一人の全権井上信濃守清直は森山多吉郎を伴って、個人的な立場でハリスを訪問した。ヒュースケンは書いている。「彼はハリス氏に対して、旧友の誼みをもって、第七条、国内旅行の権利を認める条項に固執しないことを求めた。それが叛乱を惹き起こすというのは、たんなる推測ではなくて確信なのだ。これにはいささかも掛値はない、と彼は言った。あなたは当方と合衆国大統領の間に立っているので、もしあなたがわれわれの意見を大統領に伝えてくれれば、合衆国は世界屈指の大国であるから、大統領はそれを他の列強に伝えてくれるであろう。ハリス氏は、そこで第七条を修正することを約束し、その代わりとして合衆国にたいする些少の譲歩を望んだ」

ハリスの国内旅行の権利撤回によって条約交渉は大きく進展した。まだ、そのほかにも様々な問題点があったが、ともかくも双方が妥協しあい条約案が合意された。

この十二月二十日（二月三日）早朝の井上・森山とハリスとの話し合いで引き出したハリスの譲歩、外国人が国内を自由に旅行・居住ができないという条項は実に大きな意味があった。それは、国内に大きな混乱を巻き起こすということ以外に、日本側が何の思案も無く与えた治外法権の弊害を最小限度に抑えるという効果をもたらしたのであった。明治になって治外法権を盾にした外国人の無法は、居留地内だけに限られ、日本国内の大部分ではその被害から免れることができたのである。

こうして、ようやく条約締結の合意を見たのであるが、今度は条約を文章にするところで、また、双方から厳しいやり取りが交わされた。条約文、一字一句にチェックが入り、そのために終日が費やされた。ヒュースケンは、それを退屈な、疲れる、とりとめもない、無知な、子供じみた会議と言っているが、一月七日（二月二十日）には、日本側は条約を再審議し、彼等が十四日前に同意し、彼ら自身が提案した条文を再び論議し、再考し、削除し、訂正し始めた。「オランダ語に造詣の深い森山が言うには、『その場所』というのは一つの場所という意味にも、多くの場所という意味にもなる。（略）だからというわけで『ある場所』と補うことを提案した。ハリス氏は、自分は文法的な誤りを犯したくないと言った。『その』は『一つの』場所以外の何ものも意味しない。もし委員たちがこれを日本語に訳すことができないとすれば、それは通訳（森山）がオランダ語を解しないからである。ヒュースケン氏はオランダ人として生まれ、教育のある紳士だから母国の言葉をよく理解するはずである。信濃（井上清直）が答えて、ハリス氏がヒュースケン氏を信頼しているということであれば、ご同様に自分は森山を信頼しているといった」という一幕もあった。

ともあれ、日米通商条約は合意され、あとは朝廷の勅許を待って調印する所までこぎつけた。しかし、これからが大変であった。条約反対の世論が沸騰し、調印までにさらに数ヶ月待たなければならなかった。

朝廷の条約拒否と条約調印強行

通商条約締結にあたって幕府がもっとも心配したのは、諸大名の動向であった。堀田正睦は、条約締結へのゴーサインを出してから大名たちに繰返し、交渉の経過を知らせ了解を求めた。条約の内容がほぼまとまった十二月二十九日（二月十二日）には、江戸城内に諸大名を集め、条約を結ぶに至った経過とその内容を詳しく説明し、賛同を求めた。大名たちからはさしたる反対も無かったが、隠居していた水戸の斉昭は、激怒してハリスの首を刎ねろ喚いたという。ともかく、天皇の許可＝勅許を得なければと、堀田正睦は、交渉に当たった岩瀬忠震と川路聖謨を連れて安政五年一月二十一日（一八五八年三月六日）、上京した。時の天皇は孝明天皇であったが、条約締結を拒否し、たとえ戦争になっても構わないと、攘夷を主張し続けた。

孝明天皇の心をどうしても変えることの出来なかった堀田正睦は、空しく四月二十日（六月一日）江戸に戻った。条約調印は国と国との約束、しかし、どうしても孝明天皇は勅許しない。幕府は、進退窮まってしまった。そこに井伊直弼が大老に就任した。四月二十三日（六月四日）、正睦失意の帰府三日後のことであった。

大老とは、非常時に置かれる特別な役職で将軍を補佐し、絶大な権力を持っていた。大老に就任すると直ちに行動を開始し、五月六日、大目付の土岐丹波守と勘定奉行の川路聖謨らを左遷し、次期将軍に紀州の慶福（家茂）を立てることを発表し人々を驚かせた。直弼はもともと保守的な考えを持っていた人で、本心では条約締結には反対であった。しかし、天皇の考えで幕政が動かされることには危機感を持っていた。直弼は、岩瀬忠震と井上清直に再度、条約締結の延期の交渉を命じたが、会談が決裂することだけは避けようと、どうしてもやむを得ない場合には調印してもよいとの許可をだした。

折しもアロー号事件で勝利を収めた英仏両国は、中国に屈辱的な不平等条約を押し付けて、次には日本へ矛先を向けようとしていた。この情報をもったアメリカ軍艦ポーツマス号は下田に来航して来た。下田で条約調印を痺れを切らして待っていたハリスは、ポーツマス号に乗り込み六月十八日（七月二十八日）横浜沖にいきなり現われ調印を催促した。

翌日、大老井伊直弼の意を受けた日本側全権岩瀬と井上は森山多吉郎を伴って、ポーツマス号に赴き、日米修好通商条約に調印した。このとき、この条約案が、当時の日本にとって最善であると確信していた岩瀬忠震は、ハリスにアメリカ以外の国が、この条約の内容に異論を唱えた時（他の国々とも同様の条約を締結する）には、アメリカの条約に倣うように調停してくれることを確認し、請書を書かせてから調印したという。

相次ぐ条約締結

安政五年六月十九日（一八五八年七月二十九日）に日米修好通商条約が調印されてから二十日後の七月九日、これからますます多忙となる外交業務を専門に担う奉行「外国奉行」五名が初めて任命された。水野忠徳、永井尚志、井上清直、堀利熙、岩瀬忠震の五名で、いずれもこれまで外交関係の任務に当たっていた。

外国奉行の初仕事は、翌七月十日の日蘭修好通商条約で、翌々日の十一日には日露との間にも通商条約が結ばれた。これらは、ほとんど日米通商条約に準じた内容で、オランダ、ロシアとも特に異議を唱えることなく締結された。

問題は、イギリスである。イギリスはついこの間中国に厳しい不平等条約「天津条約」を押し付けてきたばかりである。そのイギリス使節団を乗せた艦隊が七月十一日、江戸湾奥深く品川沖に姿を現した。

イギリス使節は、噂されていた香港総督のボウリングとは違ってエルギン・アンド・キンカーデン伯爵であった。エルギン卿は、アロー号事件で緊迫した中国（清国）に特派使節として派遣され、一八五七年（安政四年）七月に香港に着いた。十二月に広東城が英仏連合軍によって落とされたが、なおも中国の抵抗が止まないため、エルギン卿は連合艦隊を率いて東シナ海を北上し渤海湾に入り、太沽の砲台を攻めて陥落させ、さらに天津にまで迫った。清国政府はついに抵抗を諦め、一八五八年（安政五年）六月二十七日、天津条約が結ばれた。幕府は、イギリスが清国と条約を結んだ後、間を置かず大艦隊を率いて来航し、条約締結を強要するだろうと恐れていた。そのエルギン卿が、旗艦フュリアス号と他に二隻の軍艦、献上用の蒸気快走船エンペラー号の僅か四隻で、品川沖に停泊したのである。

安政五年七月十二日（一八五八年八月十三日）には水野筑後守を除く四人の外国奉行がフュリアス

号を訪問し、陸上での会談場所について打ち合わせ、翌日は、外国掛老中の太田備後守資始邸を訪れた。なお、前の外国掛老中の堀田備中守は、日米通商条約締結後の六月二十三日に京都の不始末（勅許失敗）により罷免されていた。

こうして、注目の日英通商条約の会談は七月十四日から始まった。そうして僅か三回の会談で、十八日には調印式が行なわれ、午後からは、イギリス皇室からの贈物快走船（八十馬力蒸気機関付ヨット）エンペラー号の贈呈式が行なわれた。エンペラー号は日本名蟠竜と言い、戊辰戦争の時、函館沖海戦で官軍の朝陽を轟沈させた後、座礁し集中砲火を浴びながら最後まで抵抗したという数奇な運命を辿った。

この日英通商条約締結までの経過については、『エルギン卿遣日使節録』に詳しく記され、日本側全権団の様子も、著者オリファントによって生き生きと描き出されている。オリファントが最初に森山多吉郎に会った時の印象は、「紳士たち（全権団）に随行して来た男が一人いたが、彼は交渉の際終始重要な役割を果たした。その真の価値は、実際に彼自身がすこぶる高く評価しているところに近いものであった（オリファントは、多吉郎が自分自身、己の能力と役割を高く評価していることを感じ取っていたのである）。彼は通訳森山で、しばらく長崎に滞在していたことがある（長崎出身であることを知らなかった）。彼はほとんど日本語と同じくらいに、ぞうさなくオランダ語を書いたり、話したりした。そしてヒュースケン氏（イギリス使節団は通訳を連れてこなかったので、ハリスからヒュースケンを借用していた）と委員たちの間に立って伝達にあたった。森山は滑稽な態度を装いながら、その陰に限りない老練で、機敏な常識を秘めていた。彼はまさしくタレイラン（フランスの有名な外交官）流の外交官で、いつも物やわらかで笑みを浮べながら、自分はとるにたらない通訳にすぎないということを、印象付けようと気を配っていた。しかしそのおとなしい遠慮を通じて、すべてのことを自分の思い通りにしようとする隠れた野心と、彼自身の実力に対する完全な信頼とを見分けることは容易であった」

いよいよ交渉も大詰めに差し掛かったころの多吉郎についてオリファントは、「昼食がすんだ後でわれわれは難なく十五か条を作り上げてしまった。そのため被害を受けたのは森山一人であった。彼は日本語とオランダ語と二通りの写しを作る仕事をしていたからである。ある日、エルギン卿が彼に、条約の写しが大体完了したかどうかたずねたことがある。しかし森山は優秀な通訳だったので、何か質問されても上司たちのいる前では直接返答はしなかった。そこでエルギン卿は、委員たちに向って、『森山は条約の写しを大体完了したでしょうか』とたずねた。彼らは、彼と相談してから荘重に答えた。「いいえ、森山はまだ条約をうつすことを完了していません。しかしできるだけ早くその仕事を進めております」

こうして条約の調印式は十八日の午前に行われた。オリファントは、その時の多吉郎や全権たちの様子を生き生きと描いているが、それは省略することにして、この日英通商条約の意義について、イギリス側全権使節エルギン卿の言葉を聞いてみよう。次は、エルギン卿がこの条約についてイギリス本国へ送った報告の一部である。

「この条約（日米通商条約）によって（アメリカが）日本から得た利権は、数条の主な条項についても、シナから私が天津で交渉した条約によって得たところに比べれば、それほど重要なものではありません。しかし、日本と結んだ従前のどの条約よりも、実質上大きな前進です。そしてそれは西洋の国民と日本の国民との間に、貿易と友好の関係を築いていくための門戸を開いたものです。もし、西洋の国民が、無分別で挑戦的な行動によって、自分たち自身（西洋の国民）にたいして、その（日本の）国民の恐怖の念と敵愾心とをひき起すことさえなければ、その関係は極めて友好的で親密なものになるだろうと私は信じています。

そこで遅滞を避け、また外国人と日本人との正式の貿易を開始するに当たって混乱や紛糾の危険をできるだけ除くために、私は、大英帝国のために商議した条約のなかで港の開放、貿易の取締りその他に関する細かい問題については、ハリス氏の条約の規定に、また多くの場合にその語法（言葉遣い）にさえも、きわめて接近することにしました。日本側の委員たちは（その名誉のためにいうのですが）極端に几帳面で、新しい条項を、またすでに同意した条項の語句の変更でさえも、十分に討議し、またそのような変更の意味やそのもたらすべき効果について熱心に詮索しなければ、それを認めなかったのです。そのためにもこうした方針をとるのがいっそう必要だということが分りました。

（中略）われわれはさらに条約の条項を検討するために二十一日、二十二日、及び二十三日に会見しました。私は彼らがてきぱきとその仕事を処理していくのに感銘を受けました。すなわちきわめて鋭い観測を行ない、実に要領を得た質問を発し、しかもあらさがしをしたり、とがめ立てをするような気持ちは少しもなかったのです。もちろん彼らの批判には、外国事務についての知識が不十分の結果によることもありました。そして時には彼らのためらいを取り除くために、原文を改善するのではなく、変更することも必要でした。しかし、全体から見て、私は、これまでに交渉をもった相手で彼らほど、その知識の及ぶ限りで、道理をわきまえていると思われたものはなかったと断言できます。二十三日の会談が終って、条約の条項全部が合意に達し、二十六日に二通に調印することに同意しました」

こうして、幕府が最も警戒し心配していたイギリスとの条約締結は、アメリカとの前例もあって、無法なことを要求されることもなく、岩瀬らが考えていたような条約を結ぶことができた。

たしかに、治外法権を与え、関税自主権を失ったのは、植民地並の国家として扱われたことになる。しかし、外国人居留地は横浜・神戸・長崎など僅かな範囲に限られ、しかも、外国人はそこから日本国内に住むことを許されなかった。そのために、実際の運用面で外国人が罪を免れ、日本人が不利益を受ける事例は少なかった。この治外法権が大きく問題視され、騒がれたのは明治十九年のノルマントン号事件（注）からであった。

関税問題については、日本側全権は、それが国内問題であり、日本が自由に定めることが出来ることを知らなかった。それでも、酒類などは三十五パーセント、平均二十パーセントの税率を定め、日本が経験を積んだ五年後には、再度協議できるようにした。しかし、この問題は、その後の攘夷運動の高まりの結果、馬関戦争や薩英戦争の償いとして、中国が押し付けられた屈辱的な関税である五パーセントに切り下げられてしまった。

明治時代の大文章家徳富蘇峰はその著書『遣米使節と露英対決編』のなかで日米通商条約の締結について次のように言っている。

「(前略)もし彼ら(ハリス・岩瀬・井上)なかりせば日本と諸外国との条約は、更に不公平にして、片務的なる条約が出来上がりたるか、いまだ知るべからずるものがある。我らは繰り返していう。もし万一米国の使臣にして、ハリス以外の者であり、日本の外交官にして、岩瀬・井上以外の者であらば、あるいはより以上のが出来たかも知れぬが、それよりも、十中の八九は、より以下のものが出来たかも知れない(後略)」

＊注　ノルマントン号事件　イギリス商船ノルマントン号が和歌山沖で沈没した時、船長は、ヨーロッパ人のみを救助し、日本人乗客を見殺しにした。しかし、船長は、兵庫領事の裁判で無罪となり、日本の世論は沸騰し、それ以後条約改正の声が高まった。

第五章　攘夷の嵐の中で揺れ動く幕府の方針

安政の大獄と外国奉行

安政五年七月十八日（一八五八年八月二十六日）に日英修好通商条約が調印され、イギリス使節は翌十九日には上海へ向けて出帆していった。そうして、今度は入れ替わりのようにフランス艦隊が使節グロー男爵を乗せて八月十二日、品川沖に来航してきた。フランスとの通商条約についても五人の外国奉行、水野筑後守忠徳《みずのちくごのかみただのり》、永井玄蕃頭尚志《ながいげんばのかみなおゆき》、井上信濃守清直《いのうえしなののかみきよなお》、堀織部正利熙《ほりおりべのかみとしひろ》、岩瀬肥後守忠震《いわせひごのかみただなり》が応接した。通訳は森山多吉郎が首席通訳であった。

折から十三代将軍家定の喪が発表され、しばらくの間、フランス使節団は上陸さえも許されなかったが、新将軍家茂の就任により会談が始まった。会談は八月二十日から十回行なわれ、九月三日に調印が取り交わされた。そうしてその日、条約締結の立役者であった岩瀬忠震は、作事奉行に左遷され、さらに翌安政六年八月二十七日には作事奉行を罷免されて永蟄居を命じられた。安政の大獄である。

この井伊直弼による安政の大獄は、日仏通商条約調印の二日後の安政五年九月五日に梅田雲浜《うめだうんぴん》の捕縛から始まり、橋本左内・吉田松陰ら数多くの有為の人物が処刑されたり投獄されたりした。幕臣の中で井伊大老の弾圧の標的となったのは、外国奉行の面々であった。特に、ことごとく大老に逆らった岩瀬忠震は永蟄居にされた。岩瀬をこれまで登用していたのは、外国との交渉に全く自信のない井伊直弼が、自分を小馬鹿にして逆らってばかりいた忠震を条約締結のけりがつくまで止むを得ず任せていたもので、条約締結の山を越えた所で即座に処断したものであった。また、他の奉行たちも同類と見ていたが、一度に罷めさせると、今後の外交交渉に差しさわりが出てくると困るというので、そのまま任せていたのである。

条約締結後の大きな問題は、下田に代って横浜を開港することと、日米通商条約の批准をするために使節をアメリカに派遣することであった。

これらに就いて詳しく述べることは本書の目的ではないので省略するが、遣米使節の首席通訳には、多吉郎に次いで英語の力が認められていた箱館詰通詞の名村五八郎が任じられ、堀達之助とペリーを浦賀で迎えた立石得十郎が補佐となり渡米することになった。

森山多吉郎を主席通訳として派遣しなかったのは、横浜開港のことや、相次いで渡来する諸国の公使など外交官との応接に同席させるため、幕府としても手放すわけにはいかなかったのである。

幕府は、条約（日米修好通商条約）に下田の代りに「神奈川」を締結十五ヶ月後の一八五九年七月四日（安政六年六月二日）頃までに開港すると書いてあったのを、東海道筋の「神奈川」ではなく「横浜」に替えたいとハリスに交渉していた。ハリスは、これを条約違反と批難しどうしても「神奈川」でなければならないと主張した。

これに対し、外国奉行たちは、「横浜も神奈川の内である。その証拠にペリーと和親条約を横浜で結んだが、これを『神奈川条約』と呼んでいる」と強弁して、話し合いは行き詰まってしまった。

ちなみに、安政五年の十月二十三日に外国奉行は、水野・永井・井上・堀の四人と岩瀬に代って村垣淡路守が任じられ、神奈川奉行兼任となっている。そうして何が何でも「神奈川」に代って「横浜」を開港場とするように幕閣から厳命されていたが、話は、ハリスの猛烈な抵抗で暗礁に乗り上げてしまった。翌安政六年二月四日には神奈川宿本陣で交渉を持ったがこれも物別れに終わり、そのうちハリスは上海へ旅行に行ってしまった。

それと前後して永井玄蕃頭と井上信濃守が軍艦奉行と小普請奉行に転任させられ外交の前線から外されてしまった。後任の酒井隠岐守と加藤壱岐守は、全く外交には不慣れであった。そのため、横浜問題は水野筑後守と堀織部正に委ねられることになった。

特に、水野筑後守は、ハリスの抗弁を無視し、彼が上海へ行って留守の間に堀織部正と協力し、どしどしと横浜造成の工事を推し進めていった。

五月になってハリスがイギリス公使オールコックとともに江戸に戻ってきた時には、横浜は六月四日の開港を控えて着々と完成に近づきつつあったのである。なお、幕府はハリスの意向も斟酌して神奈川の子安地区に小さな居留地を造成していた。

結局、開港後の横浜はみるみるうちに発展し、ハリスの意向に従っていた諸外国の領事も神奈川から横浜に移るものが続出し、ハリスは一人神奈川に取り残される結果となってしまった。

この水野たち外国奉行の行為を黙認、あるいは承認したのは、大老井伊直弼であった。直弼をはじめ、この時の老中は太田資始、間部詮勝、脇坂安宅、久世広周の四閣老であったが、直弼も老中も自らの外国人との交渉は敬遠して、全てを外国奉行に任せていたのであった。

止むを得ず、外国掛老中が外国使節との会議に出なければならない事態になると、後に控えた外国奉行から、一々耳打ちされなければ答えることも出来なかった。イギリス公使オールコックが来日した時には、間部詮勝と脇坂安宅の二人が外国事務担当老中として対応したが、その時の様子をオールコックは皮肉たっぷりに『大君の都』の中に描いている。「二名の閣老の後方には、話が容易に聞えるところに七名の外国奉行がいるが、彼らはしばしばスウィフトがガリバー旅行記で非常に滑稽に描いたフラッパー（記憶を呼び起こすために、人の口、耳を軽く打つ役人）の役を果たしているらしく思える。このフラッパーの役は、閣老に聞くことを理解させ、あるいはともかくその意味を説明し、また時にはなんと返答すべきかを参考までに言うことである」

堀田正睦が失脚して、井伊直弼が大老となり一新された老中には、直弼をはじめ誰一人、諸外国の使節と渡り合える閣老はいなかった。

こうして、外国問題は、外国奉行に一任される事態になったが、岩瀬忠震と永井尚志、井上清直がまず外された。残る水野忠徳も横浜開港間もない安政六年（一八五九）七月二十七日に発生したロシア水兵殺害事件の責任を取って外国奉行を辞任した。この事件の真犯人がなかなか見つからず、神奈川奉行を兼務していた水野忠徳は、いらだった諸外国の外交官から責任を追及され、外国奉行と神奈川奉行を辞職せざるを得なくなり、軍艦奉行へ転じていったものである。

こうして、初めて外国奉行に任命された五人のうち、堀織部正だけが残ったのであった。森山多吉郎は、同郷の後輩として可愛がっていた福地源一郎（桜痴）に、外交のことに話が及ぶたびに「阿部（備中守正弘）閣老の人となりを称賛し、此の閣老が、松平（河内守）、川路（左衛門尉）、筒井（肥後守）、水野（筑後守）、井上（信濃守）、岩瀬（肥後守）、永井（玄蕃頭）、堀（織部正）の諸雄を登用して、外交の任に当たらしめたればこそ、下田の談判よりして、江戸条約（日米通商条約）も纏まったるなれ、若し今日の大老（井伊直弼）にてあらば、百のハルリス（ハリス）ありと雖も、砲煙を見ずして、平和の開国を見んことは、とても覚束なかるべし」（『懐往事談』）と語って聞かせたという。

さらに付け加えるならば、森山多吉郎の的確な通訳や翻訳がなかったならば、このように順調に、しかも日本側の意見も取り入れた条約にすることは出来なかったことは確かである。

井伊大老の出現で、幕末の俊秀、外交問題のエキスパートたちが一掃されてしまった。しかし、幸いなことには、日英通商条約で開国への大きな山は越えていた。これからも続々と、ヨーロッパ諸国から日本との通商を求めて来航してくるが、すでにしっかりとした見本が出来ていた。なお、井伊大老が万延元年（一八六〇）三月三日、江戸城の桜田門外で水戸浪士に暗殺されてから、安藤信正が老中首座に座り、自ら外交問題を取り仕切るようになった。

開国問題は、これからは内なる敵、尊王攘夷運動にもみくちゃにされていくのである。

相次ぐ難題と外国奉行

安政の大獄によって、最初に任命された外国奉行が次々に左遷され、最初から残る外国奉行は水野筑後守忠徳と堀織部正利熙だけになってしまった。補充の外国奉行が次々と日替わりのように任命されたが、ほとんどが何分にも外国人との折衝は不得手であった。

しかも、開国に当たっての実務的な、そうして実に頭の痛いこまごまとした問題は、これから山積みしていた。開国直後から一旗揚げようと虎狼のような外国商人が横浜に続々と上陸し、次から次へと問題を起こした。

その大きな問題が、大量の金小判流出問題で、幕府は水野忠徳の発案で、銀の含有量を落とした新南鐐銀の発行で凌ごうとしたが、横浜だけでの流通は、諸外国の猛烈な抗議を受けて失敗してしまった。次に起こったのがロシア艦隊の横浜入港であった。七隻の軍艦を率いてロシア国シベリア総督のムラビヨフは、かねてから論争の地であったカラフトの全面領有を主張すべく来航してきたのであった。

これについては、長崎でのロシアとの交渉の時、森山多吉郎が、カラフトに北緯五十度線に線を引いて日露で分けていた地図をプチャーチンの船室で発見していたことを根拠に強硬に五十度線説を主張し物別れに終っていた。

このように続々と到来する外国商人、小判金の大流出、ロシア艦隊入港と、六月の開港以後、幕府は外交問題の処理に追いまくられた。

森山多吉郎は、立て続けの条約調印、外国人が起すトラブルの処理、ロシア艦隊来航と大車輪の活躍を余儀なくされたが、新たに任命された外国奉行たちも井伊直弼の行き当りばったり外交の被害者であった。

八月二十八日にはロシア水兵暗殺事件の責任をとって水野忠徳と任命されたばかりの加藤壱岐守が転任させられた。その代わりに七月には新見豊前守、八月には溝口讃岐守と赤松左衛門尉、十二月には竹本図書頭・松平石見守が任命された。

これらの新しい外国奉行たちは、海千山千の外国外交団には到底歯が立たず、やめさせられたばかりの水野忠徳は、十月二十八日には、再び外国奉行に戻ってきた。水野は、八月に軍艦奉行になったが、ふた月ほどで西の丸留守居に転じ、さらに十二月には、兼任ということで外国奉行に戻ってきたのである。

外国奉行の員数が増えたのには、遣米使節を派遣するための増員によることもあった。新見豊前守と村垣淡路守は、正使と副使に任じられ、万延元年正月二十二日に使節は横浜からアメリカ軍艦ポーハタン号で出帆していった。

この井伊直弼のお任せ外交が突然断ち切られたのは、それから一月ほど後の三月三日、桜田門外で水戸浪士に襲われ、首を取られてしまったことによる。

安藤信正と森山多吉郎

井伊亡き後の外交は、老中安藤信正が担当することになった。安藤は、外国奉行に任せ切りにするのではなく、自分から指揮をとり、積極的に使節たちとも会見した。

安藤信正の外国掛閣老としての最初の仕事は、ポルトガルとの修好通商条約の調印であった。幕府は、もともと世界の強国イギリス・フランス・アメリカ・ロシアの四カ国に加えて昔からの誼《よしみ》のあったオランダとの条約締結をもって、一区切りをつけるつもりであった。ところが、かつてオランダは様々な手段を弄してポルトガルを日本貿易の地位から追い落としたことに引け目を感じていたことから、オランダ領事ドンケル・クルチウスは、幕府に仲介して日本とポルトガルの間を取り持った。こうして万延元年（一八六〇）六月ポルトガル使節イシドーロとの間に日葡修好通商条約を調印した。一六三九年にポルトガル人が日本を追放されてから、二二一年振りの雪解けであった。しかし、ポルトガルは、この時点では日本にとってさして重要な国ではなかった。前年の十二月にはスイスやベルギーからの条約締結の要請には、丁重に断っている。

次いで、条約締結の使節を送ってきたのがプロシアであった。プロシアとの交渉は、井伊直弼襲撃殺害事件の年でもあり、これを機会に攘夷運動が一気に燃え上がり始めた頃であった。このプロシアとの交渉には、何かしら良くないことが付いてまわっている。堀達之助の投獄事件もプロシアとの係わりからであり、奇しくも同じ名前の外国奉行堀織部正が切腹したのもプロシアとの交渉の最中であった。そうして、老中安藤信正も坂下門外で襲撃されて重傷を負っている。

さらに付け加えるならばアメリカ領事ハリスの通訳官であったヒュースケンが暗殺されたのも、彼がプロシア使節団の通訳として力を貸していた最中であった。

そもそも、プロシアはドイツ連邦の中の一国であった。そうして連邦の一部でバルト海沿岸部の国々が関税同盟を結成し、プロシアは、その盟主的な立場にあった。

当時、ドイツは北ドイツの国々から南はオーストリアにかけて多くの国々によって成り立つ連邦国家であった。その中で北ドイツの国々は、折からの産業革命の波に乗って、アジアへ進出する商船や商人が増加していた。しかし、彼らはイギリスやアメリカ、オランダ、フランスなどのように国家からの保護を受けていなかったので、著しく不利な立場で貿易を行なわなければならなかった。

プロシアは、このようなドイツ商人の願いを背景に、日本に通商条約の締結を希望し使節団を送ってきた。そうして、自国プロシアとばかりでなく、関税同盟の国や、それ以外のハンブルグ・ブレーメンなどハンザ同盟の都市国家とも条約を締結するように要請したのである。このようなドイツの非常に複雑な状況は、幕府の理解の枠を超え戸惑わせ、交渉を非常に困難にした。その上、安政六年の開国以後、小判の大流出、物価の高騰など日本中に経済の大変動が起こり、これも全て外国との交易のせいだと、攘夷運動が一気に盛り上がっていた。幕府も、もうこれ以上諸外国との通商条約の締結は避けたいと考えていた。

さて、プロシア使節オイレンブルグ伯爵を乗せたプロシア軍艦アルコーナ号が江戸湾に姿を現したのは万延元年七月十九日（一八六〇年九月四日）であった。

幕府は、何としてもそのまま使節団を退去させたかったが、アメリカやオランダのとり成しがあって止むを得ず会談だけは行うところまでは譲歩してきた。

森山多吉郎が通訳官としてプロシア使節団と初めて会ったのは、使節団が上陸して宿所に当てられた屋敷に入った時であった。それは前途の難航を思わせる台風の嵐を押切っての上陸であった。プロシア使節オイレンブルグは、権限を持っていない外国奉行との交渉を拒否し、直接老中安藤信正との会見を要求した。

こうして安藤信正との会談は、七月二十九日（九月十四日）に信正の屋敷で行なわれた。多吉郎の役割は、これまでの諸国の使節団の時と全く同じで、この日も玄関で使節オイレンブルグ公使を待ちうけ、会見室へ案内した。

会見室では、森山多吉郎は床の上に跪き、会談が始まるのを待った。この時の会談の内容は、結局、日本はプロシアとは条約は結べないというもので、三時間もの間、日本語からオランダ語へ、それをヒュースケン（ハリスがプロシアのために通訳として貸した）がドイツ語へ訳すという甚だ手間の掛かる話し合いであった。

オイレンブルグは、プロシアがイギリスやフランス、アメリカなどと並ぶ世界の強国の一つであり、日本と条約を結ぶ権利を持っていると主張し、アメリカ公使のハリスやフランス公使、イギリス公使なども積極的にプロシアの後押しをした。

しかし、安藤信正は、イギリスやアメリカと条約を結び、貿易を始めただけでも、国内に大きな混乱が生じ、攘夷運動が激化したのに、さらに、プロシアと条約を締結したならば、世論を刺激し幕府の立場を危うくするかもしれないことを恐れていた。

条約締結の交渉が動き出したのは、それから三ヶ月ほど後の万延元年（一八六〇）十一月二日のことであった。これは、ハリスの調停にもとずくもので、幕府の兵庫や新潟の開港を延期したいという願いをいれるかわりにプロシアとの条約締結交渉を行なうというものであった。

全権には外国奉行の堀織部正と新しく就任した竹本図書頭《ずしょのかみ》、それに目付の黒川左中が任じられた。首席通訳官は、当然森山多吉郎であった。

この不吉な交渉の最初の難関は「ドイツ関税通商同盟」であった。堀たち日本側全権は、非常に多くの国々と条約を結ばねばならないことに驚いたが、プロシア側の条約は一つでよいとの説明に一応諒承した。

しかし、その四日後の十一月六日早朝、堀織部正は覚悟の自殺を遂げた。肩衣をつけ腹を真一文字に切り、さらに喉を刺し貫き、刀を引き抜いた後、正座したまま突っ伏しての最後であった。何故の切腹であったのか、今でも謎となっているが、プロシアと正式な交渉を始めた直後の死であることから、その関係が取り沙汰されている。

このことは、堀織部正が安藤信正にプロシアとドイツ連邦との係わりについて不勉強であることを責められたとか、逆に堀織部正が安藤信正の外交姿勢に対して抗議したとか色々言われているが、真相は未だに分っていない。

第二回目の交渉は、堀の死後六日目の十一月十一日であった。堀の後任は遣米使節を勤めた村垣淡路守であった。村垣は、「関税同盟」の概念、メクレンブルグ大公国とハンザ都市の地位について質問を始めた。

オイレンブルグは、地図を利用して説明し、真実を正直に話した。しかし、プロシア側から見ると通訳している森山多吉郎でさえ、ドイツ連邦と関税同盟の複雑な事情について全く理解できなかったように見えた。

日本側はプロシア一国とのみの条約締結を主張し、オイレンブルグは、関税同盟も加えるよう希望し、話し合いは平行線を続けた。オイレンブルグは老中安藤信正とも直接会談して粘ったが、結局受け入れられず、十一月二十三日からは、プロシア一国のみとの交渉が始まった。

その後は、交渉もすらすらと進んでいったが、ここでの難題は「言葉」であった。アメリカの時の交渉で貨幣の成分（金の含有比率）よりも重量で等価とした失敗から、「成分」が問題となったが、この時、日本語にはそれに対応する言葉が無かった。それで、この時には「種」という表現をしたが、ドイツ語でオランダ語訳では理解し難いものや、日本語に翻訳できないものなどがあり、その都度、交渉は停滞した。

しかし、ともかくも双方とも交渉を締結しようという前向きな姿勢であったから、多少の困難はあっても案文作りは進んでいた。条約はヒュースケンと森山多吉郎とで入念にオランダ語の条文に照合し、仕上げていった。

そうして次なる悲劇が起こった。万延元年十二月五日（一八六一年一月十五日）赤羽根のプロシア使節団宿舎での仕事を終えたヒュースケンは、午後九時頃、アメリカ公使館へ戻る途中、数人の暴漢に襲われ切り殺された。

　このアメリカ公使書記官の暗殺は、国際問題となり諸外国の外交官は抗議して、江戸を引き払い、横浜に退去した。このことは幕府を窮地に追いやったが、ハリスは、江戸にとどまり、穏便な態度をとった。

　ヒュースケンの死を乗り越えて日普通商条約が締結されたのは、九日後の万延元年十二月十四日（一八六一年一月二十四日）であった。こうして半年以上にも及ぶ長く辛抱強い交渉の末、プロシア軍艦アルコーナ号は、十二月二十一日（一月三十一日）オイレンブルグ使節団を乗せて江戸湾を出帆していった。

　このプロシア国との不幸な交渉の仕上げは、老中安藤対馬守信正襲撃事件であった。安藤対馬守信正は、万延元年（一八六〇）正月に老中となり、三月には大老井伊直弼の暗殺により老中首座として幕閣を取り仕切っていた。その信正の最初の外交が、プロシアとの通商条約締結であった。その後も、雨のように降りかかる外交・内政の諸問題をさばいていった。安藤信正は、殿様あがりの老中としては（もっとも老中には譜代大名しか任命されなかったが）、ともかく才能あふれる逸材であった。又、それだけに幕府打倒を目指す一派からは、彼のすることなすことが、非難の的となり、文久二年（一八六二）正月に坂下門外で、浪士に襲撃され負傷し、四月には罷免されてしまったのである。

安藤信正は、井伊直弼が殺されたのに、病死としてこの重大な事件を糊塗したり、皇女和宮の降嫁を進めたりして幕府の権威を失墜させたと批難された。また、プロシアなどさらに多くの国と通商条約を結んだのは怪しからんと、攘夷派を中心に、幕府内からさえも批難の的となり、その失脚は歓迎された。後の史家でさえも、信正には厳しい評価をしている。

なかでも、兵庫・新潟の開港を延期する代りに、関税を一律五パーセントと植民地国並に下げられたのは、後世に悔いを残したと痛烈に批判されている。この開港延期交渉に一役買ったのは、森山多吉郎であったが、これは安藤信正や森山多吉郎にとっては冤罪であった。この事については後で述べるが、批難の的となったロンドン協約には五パーセントについては触れられていない。恐らく、福地桜痴が『懐往事談』にそのように書いているが、彼の思い違いであったのだろう。

文久から元治にかけては、日本中が熱に浮かれたように攘夷の大合唱であった。朝廷も、大名も、又浪士や人民も、それが日本国をどのような危機に陥れるかは、露ほどにも頭に浮かばなかった。日本が今日あるのは、四面楚歌のなかで開国を推し進め、未然に西欧諸国の野望を防いだ安藤信正らの働きがあったことを評価しなければならないだろう。

なお、蛇足ながら安藤の功績として、無視してはならないものに、ロシア軍艦対馬領占拠事件の解決と小笠原諸島の日本領確定である。対馬事件はイギリス公使オールコックの、小笠原問題は水野筑後守忠徳の働きが大きかったが、我々は、幕末の幕臣たちの失政を責めるのにあまりにも急であったように思う。

オールコックと森山多吉郎

攘夷運動は、幕府を窮地に追い込んでいた。文久元年（一八六一）の五月二十八日（七月二十八日）には、イギリス公使館が襲撃され、館員二名が重軽傷を負い、護衛の武士たちが死傷した。幕府は世論の沸騰を押さえるために、開港延期を申し入れていたが、イギリスをはじめ諸外国は、条約の忠実な実行を要求していた。

オールコックの『大君の都』では、「開港延期にたいする我々の承諾を得るために、使節がイギリスへ赴こうとしているのだから、日本政府の希望に応じることとの条件を、我々がはっきり述べる機会もあることだろう。日本政府の意向がどのような善意から出たものであるにせよ、脅威と暴力に属するという形では承認できぬこと、そして不幸にもこれまで多くの脅威と暴力を蒙ってきたのだから、最近の事件にかんがみて、双方とも互に相当する権利をすすんで放棄するのは恐怖に屈してのことではないか、と非難されたり疑われたりすることのないようにする必要があることを述べてもよかろう。このことが日本側の提案に先立つ、あるいは一見したところ日本側の提案のために道を準備したと思われる、（中略）開港を遅らせることを申し合わせ、その代わりに現在の条約をこれまでよりももっと効力あるものにし、（後略）」と言うように考えるようになってきた。つまり、オールコックは、幕府の開港延期を受け入れる代わりに、条約を効力あるものにするものを代償として要求しようというのである。

しかし、この「これまでよりも条約を効力あるものにする」ことが、日本が払った大きな代償であった。

文久二年（一八六二）の遣欧使節は、イギリスとフランスの公使から、アメリカに条約批准のための使節を送ったのだから、ヨーロッパの国々にも使節を送るべきであるとの要請に応えたものである。また、プロシアとの条約締結にあたって、アメリカ公使ハリスは、プロシアとの条約を結ぶならば、アメリカ本国に開港延期の進言をしようとか、イギリス公使のオールコックも、各国を歴訪するなかで、開港延期についても話し合ったらいいだろうとかの言葉に動かされて、老中安藤信正が周囲の反対を押し切って派遣したものである。

正使は竹内下野守、副使は松平石見守で、外国奉行としての使節であった。この使節団には、福沢諭吉も咸臨丸での渡米に続いて今度は翻訳方御雇として同行している。前の遣米使節の時には従者としての扱いであった。ほかに、通弁方御用として福地源一郎（桜痴）や福沢の同僚として松木弘庵（後の寺島宗則）などが同行していて、交渉そのものは成功しなかったが、西洋文明の吸収には大きな成果を挙げている。

出発は、イギリス軍艦オーディン号に搭乗して文久元年十二月二十三日（一八六二年一月二十二日）、横浜港からであった。ところが、遣欧使節が出発して一月もたたない文久二年一月十五日（一八六二年二月十三日）、老中安藤対馬守信正は、坂下門外で襲撃された。信正は駕籠から飛び出すと刀を振い戦ったが、顔を切られ、脇腹を槍で刺される致命傷に近い重傷を負った。

しかし、信正の果敢な指揮でたちまち刺客たちは、切り伏せられ七名が地上に倒された。逃亡したものは一名だけであったという。

この事件は、信正の勇敢な働きにも関わらず、世間は暗殺者を称賛し、公武合体を進め、外国との交渉を行なう信正を非難した。信正は、その後療養に努め傷が癒えると、四月には老中を罷免され、八月には、老中としての政治が不束であったとして蟄居謹慎を命じられ、以後、政治の表舞台に出ることはなくなった。

ところで、遣欧使節団を見送ったイギリス公使オールコックは、使節団の後を追って本国に帰国することになっていた。帰国を前に、オールコックは、老中、新しく老中首座となった久世大和守広周と会談し、先のイギリス大使館襲撃事件の賠償問題や、開港延期などの件について話し合った。久世は、賠償金は一万ドル支払うことを約束したが、開港延期については、その代償については全く考慮していないことを告げた。

オールコックは「開港延期については、自分としては同意しない」ことを告げ、「賠償金については了解した。そうして、開港延期については、使節団がロンドンについたら本国政府と交渉すればよいだろう、若し、新たに代表を送り、新しい訓令（提案）を送るつもりならば、自分が帰国するときにきちんと届けよう」と提案した。

そうして、オールコックは「書面だけでなく日本政府の見解や政策を言葉で十分伝えるため信頼のできる腹心の役人を送りたいならば一緒に連れていこう」と申し出た。またさらに、その役には森山がよいと名指しした。

久世は驚き、「森山はいつも必要で、これほど役に立つ人間を手放すことはまず不可能だろう。しかし、その提案を真剣に考えてみる」と答えた。

翌二月十七日（三月十七日）、森山多吉郎は、イギリス公使館に行き、「遣欧使節への機密の訓令を運ぶために、同伴することになった」と告げた。

これについては、オールコックも驚いている。「私に関してこのように信頼を示してくれたことを、私は感じないわけにはいかなかった。彼らの内密の相談や政策について大君に仕える他のだれよりもよく知っていると思われる一人の役人を私に委ね、間者も付けず、二ヶ月の航海中毎日毎日極めて打ち解けた付き合いをすることに対して何の警戒も妨害もせぬ――こういったことは、これまでの日本の政策・政治すべての原則に根本的に反することであった。これは次の三つの動機のどれかから来ているのかも知れぬ。一つには彼らが開港を延期するという主目的をなんとかして達成しようと懸命になっていたことを示すものであったかも知れぬ。もう一つは、森山の忠実さをある程度信頼していた表われかも知れぬ。最後は、私がこのような機会を不当に利用したり、彼らの信頼を裏切ったりすることはあるまいと信じてのことだったかもしれぬ。多分、この三つの動機があって、それらが彼らの決定に影響を与えたと私は思う。ところでついでに付け加えておいても良かろうが、森山とその補佐の役人（外国奉行調役淵辺徳蔵。森山の随員という資格でいったのだが、ヨーロッパ語は一言も話さなかった）は、五日間で完全に用意を整えた」

森山多吉郎派遣の決定は、久世だけではなく、安藤信正の意向も入っていた。安藤は、坂下門外で重傷を負ってからまだひと月、病中であった。森山派遣を決断すると、安藤は森山を病床に呼び、二人だけで長く話していたという。

さて、オールコックと森山多吉郎たちの出発は、二月二十三日（三月二十三日）であった。船中では、多吉郎は蒸気船の中のしきたりや規定に忠実に服そうと、極めて注意していたばかりでなく、その控えめな態度と穏やかな物腰によっていたるところで友人を作った。また、数人のオランダ人船客とは流暢なオランダ語で会話し、非常に打ち解けた関係を作った。また、イギリス人とは、情報の交換ができるほど英語を話し理解した。

森山多吉郎とオールコックの一行は、まずオランダ軍艦で上海へ行き、そこでイギリス軍艦に乗り換えて、香港、シンガポール、ペナン、コロンボとイギリス植民地の港に寄港しながらインド洋を横断し、アラビア半島の先端、紅海の入り口アデンに着いた。

紅海を通り抜けスエズに着くと、いったん船を下りてスエズ地峡を汽車で横断し地中海へ出た。竹内遣欧使節団は、スエズからエジプト鉄道でカイロに回り、ピラミッドやスフィンクスを見物し、マルタに渡っている。マルタからはマルセイユに着き、文久二年（一八六二）三月九日パリに到着している。

オールコックと森山多吉郎の一行も、スエズ経由で使節団の後を追った。スエズ地峡では、スエズ運河が開通（一八六九年）する七年前であったので、この巨大プロジェクトの一端を見ることができたかも知れない。ともかく、多吉郎一行は、先を急いでカイロに寄ることなく、アレキサンドリアから船を乗り継いで地中海の真珠と称えられるマルタ島（注一）に着いた。

地中海の真ん中に位置し、出口に当たるジブラルタルとともに戦略上の要地であるこのイギリス植民地は、全島が堅固な要塞に固められている。多吉郎が、その堅固さに感嘆していると、オールコックは、「こんな小さな島は、植民地としてはあまり重要ではない」と半ば自慢げに話した。すると森山は、いつになく強い語調で「ああ、あなた方にとっては小さな土地でしょうが、われわれにとっては……」と答え、後は黙ってしまった。

オールコックも感じ取ったようであるが、世界の強国からの圧力の前に、蟷螂の斧のように踏ん張っている自分たちの姿を見て万感胸に迫るものがあったのであろう。

竹内使節団は、パリで大歓迎を受けて、四月二日（四月三十日）ロンドンに着いている。四月十八日（五月十六日）に初めてイギリス政府と外交交渉に入ったが、日本から電報が来て、オールコック一行が帰ってきてから交渉をするようにしばらく待てという指示があったため、それを待つことにし、使節団はもっぱらヨーロッパ事情の視察に精を出した。森山たちがロンドンに着いた日は五月二日（五月三十日）で、松平石見守の従者、市川渡は『尾蠅欧行漫録』に「五月二日、（略）六時過ぎ、江都を二月二十一日に出発した森山、淵辺の両官が到着された」と記している。五月八日にオールコックと使節団との予備交渉が行われ、五月九日（六月九日）に、ロンドン覚書（注二）に調印して江戸、大阪、兵庫、新潟の開港開市が五カ年延期されることとなった。

この開港延期は、国内世論に押されての交渉であったが、その代り森山に託した代償は、その後の日本に大きな害を与えた、と言われている。

福地桜痴（源一郎）の『懐往事談』には、開港延期に対するイギリスへの代償は、イギリス産の織物の輸入税を五パーセントとし、フランスにはワイン・織物の輸入税を引き下げると書いてある。

しかし、ロンドン覚書の内容を見ると、輸入税引き下げについては触れられていない。覚書は六ヶ条からなっている。第一条、貿易品の数量と価格の制限の撤廃。第二条、労働者の雇い入れ制限の撤廃。第三条、諸大名が交易することの自由。第四条、関税以外の手数料の廃止。第五条、日本の貿易商人の身分制限の廃止。第六条、日本人と外国人の交際の自由。――以上のように比較的穏当な内容で、イギリス側としては、日本の事情を配慮したものであった。ただ、交渉の過程の中で、関税引き下げについて議論があり、このことは、後日話し合うということで収まっていたようである。これが、一律五パーセントの植民地並の屈辱的な関税になり、その後の日本の国益に大きな損害を与えたのは、長州藩による外国船砲撃事件とそれが原因となった四ヶ国連合艦隊との、いわゆる馬関戦争の結果、莫大な賠償金に替えての関税引き下げの結果であった。

後日、明治政府が関税自主権の回復に躍起となったのは、そもそも攘夷派であった彼らが、ことごとに日本を不利な立場に追い込んでいったもので、いわば、自分たちで火を付けておいて自分たちで火を消しているようなものであった。

福地がロンドン覚書で、織物の関税引き下げが合意されたと錯覚したのは、恐らく彼自身が交渉の場に立ち会っていなかったためであろう。

さて、遣欧使節は、開港延期の交渉が終わると江戸からの指示を待って二日間の出発を延期した後、五月十五日（六月十二日）オランダに向かった。五月十七日オランダのロッテルダムに着き、大歓迎を受けた。開港延期交渉もイギリスが「ロンドン覚書」という代償付きで承認したことから、これも問題なく終わり、アムステルダムやライデンなど各地を回り、ひと月ほどの滞在の後、六月二十一日（七月十七日）ドイツへと汽車で向かった。二十二日にケルンからフランクフルトを経由し、プロシアの首都ベルリンに夜遅く着く。二十日ほど滞在し、ロシアの軍艦で七月十日（八月五日）バルト海の軍港クロンスタットに着き、翌日、ロシアの首都ペテルスブルグに入った。

ロシアとの開港延期交渉は問題なく了承されたが、カラフトの国境問題が難航し、結局国境画定問題は先送りされ、再びフランスへ戻った。八月二十四日（九月十七日）、ペテルスベルグからは、陸路汽車に乗ってドイツ経由でパリに向かった。パリ到着が八月二十九日（九月二十二日）六日間の汽車の旅であった。

パリでは、再びフランス政府と開港延期の交渉を行なった。これも、イギリスが承諾していたことから同意を得たが、フランス製品の減税については後日交渉することになった。そうして、最後の訪問国ポルトガルへ船で向かった。

九月三日にはすべての日程を終え、フランス艦でエジプトに行き、スエズ経由で十二月十日品川に到着した。

およそ一年近くの歴訪の旅であった。森山多吉郎もひと月ほど遅れて合流し、最後まで一行と行動を共にしたが、その時の動静については極めて記録が乏しい。もともと使節団には、福地源一郎（桜痴）、立広作、太田源三郎と三人の若手の通詞が付いていた。おそらく、普段は、この三人が通訳を行なっていたと思われる。しかし、開港延期などの重要な交渉には森山が当たっていたことは、乏しい記録の中からも窺える。

福地桜痴が著した『懐往事談』には、フランスとの交渉にはフランス人のジラール神父と森山多吉郎がもっぱら通訳を行ない、福地は約定書の浄書に当たったと書いている。なおそのうえ森山多吉郎は、通訳としてよりも使節団の顧問という役割も持っていた。なお、多吉郎は「日本公使館書記官」という外交官としての資格を与えられていたという（『オイレンブルグ日本遠征記』）。

福地は、遣欧使節団が、ロシアとカラフト問題で交渉した時、使節団の中で意見が対立し議論が沸騰したが、最後に森山の発言で、国境画定先送りとなったと言っている。

カラフトの国境については、ロシア側は、日本人が定住している南部のクシュンコタン付近は、日本に譲るが、大部分はロシア領であると主張した。これに対して、日本側は、嘉永六年（一八五三）にプチャーチンが来航した時、艦内にあった世界地図にカラフトが北緯五十度線で日露に分けられていたことを根拠にして、五十度国境線を主張していた。

ロシアは、進出や開発の実態に合わせて分割するべきだと主張し、対立は延々と続いていた。ロシア訪問は開港延期とともに、カラフト国境を五十度線で決着をつけようという使命も帯びていた。

ロシアは、にべもなくはねつけ、議論は白熱したが、たまたま、四十八度線ではどうかという提案が出た。これを認めようという竹内・松平両使節と破談になっても五十度は譲ってはならないという目付の京極能登守との間に対立が起こり、随員たちも両派に分かれての議論が巻き起った。その時「此の一行にて最も老練の才ありて顧問に備わったりける森山氏も熟考の上にて遂に不断行説をとりて論じたるにより、数日の評論の後竹内松平の両使も京極の不同意を圧服するの術なければ、その自説を曲げて不断行説に従われたるぞ実に残念至極の次第なる」と断行派の福地は残念がっている。

森山は、プチャーチンとの交渉の時、ロシア艦内で自分が北緯五十度に国境線を引いた世界地図を発見し、以後、これが日本の主張の根拠となったことから、五十度線にはこだわりがあったのだろう。この会談は結局、再度日本がロシアに使節を送り交渉しようということで物別れになったが、その後の日本の情勢は、攘夷運動の炎が燃え盛り、国境画定の使節を送るどころではなかった。それから四年後の慶応二年（一八六六）に箱館奉行の小出大和守が、ロシアに派遣されカラフトの五十度線問題について話し合おうとしたが、約束したのにすぐに使節を送らなかったということで、権利を放棄したのだと一蹴されてしまった。

＊注一　マルタ共和国　マルタは一八一四年にイギリス領となり、一九六四年に英連邦の一員「マルタ共和国」として独立した。

＊注二　ロンドン覚書　横浜の開港を延期することを了承する代わり、代償として日本が確約した条約。

第六章　倒れゆく幕府とともに

育ちゆく若手の通詞たち

文久二年（一八六二）、竹内使節団が帰国した時、日本ではさらに攘夷の嵐が吹きまくっていた。森山多吉郎をヨーロッパに送った老中安藤信正は、八月には退陣し、水野和泉守、板倉伊賀守の政権に代わっていた。そのひと月前には将軍後見職として一橋慶喜が就任し、政事総裁に越前の松平慶永をつけ、幕府は態勢固めに乗り出していた。

しかし、文久二年八月二十一日（一八六二年九月十四日）に島津久光の大名行列を横切ったイギリス人を殺傷した生麦事件には、幕府は、ただ右往左往するばかりで適切な処置をとることができなかった。十一月には、勅使による攘夷決行の強請にたいして拒絶することもできず、できもしない約束をする羽目に陥っていた。多吉郎たちが帰国した三日後の深夜には、長州藩士の高杉晋作や伊藤俊輔（博文）らによって建設途中のイギリス公使館が焼き打ちされ、幕府は有効な手だてを打つことができなかった。

帰国した森山多吉郎は、多年の功績により外国奉行通弁役頭取に任じられた。これからは若い通詞たちを指揮して多難な外交交渉の通訳を行わなければならなかった。しかし、幸いと言うのか、このころには若い通詞たちも育ってきて、よほど重要な場面でないと出てくることはなくなっていた。

ちなみに、文久二年（一八六二）の竹内遣欧使節の通訳の語学力について、パリの新聞は四月二十六日号で次のように批評している。「日本使節の通訳はオランダ語、英語、フランス語に精通し、とりわけフランス語は完璧である」

いささか褒め過ぎのようであるが、絶賛された通詞は、森山多吉郎ではない。また、この時には森山は、まだ使節団と合流していなかった。とすると、立広作、太田源三郎、福地源一郎たちであろう。福地は、慶応元年（一八六五）に横須賀製鉄所（造船所）建設資材買付の特使が派遣された時に、通弁御用として塩田三郎とともに随行した。この時、福地源一郎は通訳をフランス語の達者な塩田三郎に任せて、もっぱら法律と語学の勉強をしていたという。福地は「余はその時は更に少しも仏語を知らず英語とて未熟なれば、通弁も翻訳もすべて塩田一人を煩わしたり」と書いている。

また、太田源三郎も元は唐通事出身で、中国語と英語はしっかりと勉強していたと思われるが、フランス語はどうであったのだろうか。そうすると竹内使節団の主な通訳は、立広作であったと思われる。広作は、その時じゃっかん二十一歳で、福地と同年であった。また、機械買付の柴田特使団では塩田が中心の通詞であった。この塩田と立の二人は、箱館で名村五八郎の指導を受け、さらに当時箱館に滞在していたフランス人カションにフランス語を学び、英仏両語が堪能な優れた通詞になっていた。名村五八郎は、森山多吉郎に次ぐ優秀な通詞として安政元年（一八五四）に箱館詰となり、途中、遣米使節の首席通訳として渡米したが、慶応元年（一八六五）に勘定格通弁御用頭取として江戸に戻るまでの十一年間、箱館で優秀な通詞を数多く養成した。

また、長崎でも、この頃になると若い優秀な通詞が輩出してきた。江戸に出てきて活躍したのが西吉十郎、地元長崎で中心となったのは平井義十郎、いずれも若手の通詞で、この頃からオランダ通詞・唐通事の枠を超えて英語やフランス語の習得に力をいれていたのであった。

帰国後の森山多吉郎

ともあれ、文久二年（一八六二）十二月に遣欧使節団が帰国した時、日本では攘夷の嵐が吹きまくっていた。うっかり開国論などを口外したら命を狙われかねない状態で、軽口で多弁な福地は、たっぷり仕込んできた西洋事情などを公にでもしたら大変と、しばらくの間出仕を止められ、自宅勤務を命じられる始末であった。

しかし、外交上のトラブルは日々増す一方で、とりわけ生麦事件の後始末の件で、イギリスを始め諸外国から厳重な抗議があり、外国方の担当者は、その対応に追われていた。福地にも文久三年（一八六三）三月に入ると至急出仕するように命令を受け、それからは毎日のように徹夜徹夜で追い使われた。

一方、森山多吉郎の帰国後の動静は、しばらく謎に包まれている。二年の賜暇を終えて元治元年（一八六四）一月に帰任したオールコックは、一緒にヨーロッパへ行った多吉郎の消息をしばしば幕府に尋ねた。しかし、納得のいく答えが返ってきたことがなく、いつも「森山は生命の危険にさらされており、現在幕府の役職についていない」という返事だけであった。多吉郎が、攘夷派から狙われていたことは確かなようで、萩原延寿氏著の『遠い崖』には、襲撃を避けるために「通商使節」という名目で上海に派遣されたとある。しかし、森山多吉郎が通商使節として上海に派遣されたという事実は見当たらない。おそらく、文久二年四月に長崎奉行が貿易御試として千歳丸を上海に派遣したことと誤認したものであろう。なお、千歳丸は七月に帰港している。

このオールコックへの返事は、全面的に正しいものではなく、文久三年（一八六三）十二月にスイスとの通商条約を締結した時には、数回重要な会議に出席している。また、帰国後に外国奉行通弁役頭取に昇進しており、全く外交交渉の舞台から離れてしまったわけではない。

なお、通弁御用頭取については、渡欧前には既に昇任していたとの記録『福地桜痴伝』もあり、それには、老中安藤信正が坂下門外で襲撃され負傷した時、「森山多吉郎（通弁御用頭取）を枕辺に招き口上を申し述べ、しばしばオールコックの元に申し入れたりければ……」とある。

ともかく、攘夷派に押されて鎖港へと舵を切り替えた幕府としては、高圧的にせめたてるオールコックに馴染みの多吉郎を会わせたくないという思惑もあったのかも知れない。

この攘夷の嵐の吹き荒れる中で、幕府は、鎖港や開港延期を打診しながら、一方では文久三年（一八六三）十二月にスイス、慶応二年（一八六六）六月にベルギー、七月にイタリア、十二月にデンマークと次々に条約締結調印を行っている。多吉郎も当然、通詞団の長として重要な役割を果たしていたのであろう。ただ、そのような時には、交渉に貼り付けになることはなく、重要な場面にだけ顔を出していたようである。

スイスとの交渉の時には、外国奉行の助言者のような役割を持っているように、スイスの使節には見えたという。スイス使節のアンベールは『幕末日本図絵』のなかで多吉郎について次のように書いている。

「森山栄之助（この頃も多吉郎と両方の名が使われていたのだろう）は、オリファント（イギリス使節の随員だった）に嘲笑的な言葉（注）を吐かせた人で、すべての条約締結の商議とか、国際条約の改訂に通訳を命ぜられた。私が彼と知り合った時、確かに、彼は昇級したところで、一八六三年（文久三年）、日本使節が御老中の命を受けてヨーロッパに親善訪問した際、その一行に随行して帰ってきたばかりのときであった。私は公式的な機会には、二度しか彼に会ったことはなかったが、外国奉行の副役として、通訳というよりは、補佐役であった。人の噂によると、彼は、やがて外国奉行に昇進するに違いないということだった」

また、イタリアのアルミニヨン使節は「森山は海外で有名で、外国人に対して余り好感を有せず、これを言動に表わしていた。しかし、西洋の言語に通じているという評判はたいしたもので御老中から最も信頼されている通訳であることは疑いもない。重要な会議にはいつも出席し、それ故彼が出席するということは会議の重要性を示すものであった」と評している。

多吉郎が、再び公然とイギリス公使オールコックの前に出てきたのは、元治元年（一八六四）九月の末頃で、八月五日（九月五日）に行われた馬関戦争の後始末としての賠償金についての協定が結ばれた後のことであった。オールコックとはロンドンで別れてから二年半、ロンドンから一月に帰任して八カ月ほどが経っていた。

帰任してからのオールコックは、攘夷・鎖港へと後退する一方の幕府に対して強硬な姿勢を貫き、穏健路線を指示するイギリス政府の意向に反して、イギリス・アメリカ・フランス・オランダの四カ国連合艦隊を組織して長州藩の下関を攻撃させた。この圧倒的な軍事力を背景に、幕府へ条約の勅許と開港・開市を迫り、三百万ドルという莫大な賠償金を要求したのであった。

幕府が攘夷を命令したために長州藩が下関で外国船に砲撃したという、幕府としては思いもかけない理由で、賠償金の肩代わりをさせられた。

これらの交渉がすべて終わった頃、森山多吉郎は突然オールコックの前に姿を現したのである。オールコックは、「もう生命の危険はないのか」と尋ねたところ、森山は「もう大丈夫です。あなたが帰任したことと、最近起こったいろいろな出来事のためです。すべてが変わりました。国内では平和と安全が回復されるでしょうし、対外関係は良好なものになるでしょう。以前にくらべると、何という違いでしょうか」と答えた。

オールコックの強硬策により、攘夷派の圧力が少し緩和され、幕府も一息ついたのであったが、実はここから幕府の崩壊が始まったのであった。オールコックは、本国からの召喚命令によって元治元年十一月二十六日（一八六四年十二月二十四日）に横浜を後にしたが、後任にはさらに強硬なパークスが赴任してきたのであった。パークスは、幕府を見限り、薩摩や長州に接近する政策をとるようになる。

実は、この頃からオールコックの帰国と符合するかのように、多吉郎の通詞としての役割が大きく変わっていった。資料が乏しいので正確なことは言えないが、この頃通弁方を離れて、別の道を歩みだしたようである。別の道とは、幕臣としての昇進の道、てっとり早く言うと、奉行に次ぐ地位の組頭（副奉行）に昇進しているのである。
＊注　オリファントの言葉　オリファントは、森山多吉郎を日本の「タレイラン」と評したが、タレイランは、

フランスの有名な外交官で、ナポレオン戦争後のウィーン会議で、得意の弁舌で会議をリードし、敗戦国のフランスを有利に導いた。

副奉行となる

外交交渉の通訳は、実務は若手の通詞が取り仕切り、多吉郎は通弁役頭取として重要な場面にだけ出席するようになったが、その頭取の役も長くはなかったようである。通詞ナンバー二であった名村五八郎が、十一年間の函館勤務を切り上げて、慶応元年（一八六五）、江戸に呼ばれて通弁御用頭取に任じられている。五八郎は、多吉郎よりも六歳年少であるが、その語学の才能は多吉郎に劣らないものがあったといわれ、万延元年（一八六〇）には、遣米使節の首席通詞として渡米している。

また、函館時代には、英語稽古所を設立し多くの通詞を育てている。中でも塩田三郎、立広作《たちこうさく》などは有名である。五八郎の通弁御用頭取はわずか一年ばかりであったようで、慶応二年（一八六六）には、遣露使節の通訳として通弁御用頭取の肩書のまま、ロシアへ赴いている。

ただし、幕府は、通弁頭取が長期に不在することには不都合を感じていたようで、慶応二年（一八六六）に二十六歳の福地源一郎を調役兼通弁御用頭取に任じている。福地は横須賀造船所建設のための遣仏視察団に随行して帰ってきたばかりであった。なお、通弁御用頭取については、複数制であったようで、文久三年（一八六三）に池田筑後守が横浜鎖港談判ための使節としてフランスへ渡った時には、西吉十郎が調役格通弁御用頭取の資格で随行している。

多吉郎は、おそくとも元治元年（一八六四）頃には、「通弁御用」からは離れていたと考えられる。この後、兵庫奉行組頭（副奉行）に就任しているのであるが、任命された正確な日付は分からない。そもそも兵庫奉行が管轄する神戸居留地は、朝廷の勅許がどうしても下りず、延びにのびて慶応三年（一八六七）五月にようやく兵庫開港の勅許が下り、九月から居留地造成が始まった。こうして正式に開港されたのは大政奉還から二月ほどたった十二月七日（一八六八年一月一日）のことであった。

多吉郎がオールコックに姿を見せてから、兵庫奉行組頭として開港式に、その晴れ姿を見せるまでの彼の動静を、乏しい資料からではあるが追って見ることにしよう。

慶応元年閏五月十六日（一八六五年七月八日）、イギリス公使オールコックの後任としてパークスが横浜に到着した。パークスは、中国で外交官経験を積み、軍事力を背景とした力の外交の信奉者であった。

パークス来航のひと月前の五月、将軍家茂は、五万の兵を率いて第二次長州征討で大坂に移っていた。パークスは、留守を預かっている老中と会談をしたり、箱館へ視察に行ったりしたが、開港の勅許が依然として下りないというので、連合艦隊を率いて大坂湾へ出向くことを決意した。将軍ではらちが明かない場合は、直接朝廷と交渉して開港と関税五パーセントへの引き下げを勝ち取ろうというのである。

こうして、パークスら四カ国（イギリス・フランス・アメリカ・オランダ）の外交官を乗せた九隻からなる連合艦隊は、慶応元年九月十六日（一八六五年十一月四日）大坂湾内の兵庫港に到着した。

パークスら四カ国の強硬な要求と、朝廷との間に挟まれた幕府は、開港やむなしと主張する老中二人を罷免したり、家茂が将軍職を辞して江戸に戻ろうとしたりして混乱を極めた。結局、将軍後見職の一橋慶喜が、天皇に御簾越しに切言し、ようやく条約勅許を得ることができた。こうして、十月七日（十一月二十四日）に幕府は、条約の勅許が下りたこと、兵庫の開港は、ロンドン覚書の通りの時期に行うこと、関税の改訂に同意することなどを、四カ国側に回答した。

実は、兵庫の開港はどうしても認められなかったのであるが、幕府はそれを隠して回答したのであった。この回答を得た連合艦隊は、その翌日の八日（十一月二十五日）から兵庫沖を出港していった。

この一連の緊迫した外交交渉の場に、森山多吉郎が関わっていたかどうかは、私の乏しい資料からは分からないが、この年に多吉郎が兵庫に出張しているので、これらの交渉とは無関係ではないと思われる。

ともあれ、多吉郎は、その後江戸に戻っており、内憂外患で右往左往している幕府の中では、束の間のゆとりの時間を持てたようである。幕府とイギリス、フランスなどの四カ国の代表団との関税改訂交渉は、延々と続けられ、とうとう、賠償金残金を支払えなくなった幕府は、賠償金残金二百万ドルを免除されるかわりに、輸入品には一律五パーセントに引き下げるという屈辱的な関税を飲まされることとなってしまったのである。この協定が調印されたのは、慶応二年五月十三日（一八六六年六月二十五日）であった。

森山多吉郎は、恐らくこの交渉には関わっていなかったと思われる。というのは、この交渉と同時にベルギーやイタリアとの通商条約の交渉が行なわれていたのである。ベルギーとの調印は慶応二年（一八六六）六月に行なわれ、イタリアとは、翌月の七月に調印が行なわれた。この七月の二十日に第十四代将軍家茂は、敗報相次ぐ長州戦に心を痛めながら大坂城内において二十一歳の生涯を終えた。

おそらく、多吉郎たち通詞団は、慶応二年の初めから、七月頃までは、イギリス・フランス・オランダ・アメリカの四ケ国を相手の関税改訂交渉とベルギー、イタリアとの通商条約締結の交渉で、大忙しの日々であったのではないだろうか。

しかし、それらの騒ぎもひと段落すると、今度は家茂の後継問題が浮上してきた。これは、多吉郎たちにとっては雲の上の話で、十月には幕府軍は長州戦から引き上げ、慶喜が十二月に第十五代将軍に就任するまでは、比較的穏やかな日々を過ごしていたのではないだろうか。

慶喜が十二月五日に将軍職に宣下、つまり正式に将軍に就任してわずか二十日後の二十五日（一八六七年一月三十日）に、攘夷を固執して幕府を困らせていたが、徳川慶喜を深く信頼していた孝明天皇が突然崩御した。三十六歳の若さであった。幕権の回復を誓っていた慶喜にとって孝明天皇の死は、大きな打撃であったが、慶応三年（一八六七）三月二十五日から、次々と五カ国（注）の公使と謁見を行ない、ロッシュやパークスたちを魅了してしまった。この慶喜の謁見は大成功で、五カ国の代表に信頼をかち得た幕府の前途は安泰かに見えた。

幕府と欧米諸国との間に刺さっていた兵庫開港問題も解決し、慶応三年（一八六七）五月十三日には外国奉行の柴田日向守剛中が大坂奉行を兼ねて大阪・兵庫外国人居留地取扱いを命じられた。おそらく、森山多吉郎もこの時点で柴田の補佐役を命じられていたのではないだろうか。

将軍慶喜が外国公使団と謁見した時には、フランス公使ロッシュに対しては、塩田三郎が通訳をした。また、イギリス公使パークスには、日本語が非常に達者なアーネスト・サトウが付いていた。この頃から、森山は通訳としての役割から解放され、いわゆる幕吏（幕臣）としての道を、この場合、外国奉行へ登用される道を歩き始めたのではないだろうか。しかし、時期既に遅く、幕府は、倒壊を目前にしていた。

なお、柴田日向守が兵庫の地に赴き、開港準備の仕事に取り掛かったのは八月三日であった。神戸開港の約束期限は慶応三年十二月七日（一八六八年一月一日）である。慶応元年（一八六五）開港の約束から二年も遅れていた。九月一日には居留地造成の工事が始まった。

柴田日向守剛中《たけなか》と森山多吉郎との関わりは、柴田が安政五年（一八五八）に外国奉行支配組頭に登用され、神奈川開港に向けて尽力したことから始まっている。その時には、直接的に関わりを持ってはいなかったが、文久元年（一八六一）に竹内遣欧使節に組頭として随行している。この時、森山はひと月ほど遅れて使節団に合流し、その後は十ヶ月ほども同行している。

それからの森山は、攘夷派の襲撃を恐れて、重要な局面での交渉以外は表に出ることは少なくなっている。それに対し、柴田は帰国後の十二月二十八日に外国奉行並に昇進し、この頃沸騰していた生麦事件の処理について諸外国公使団との交渉に当たった。元治元年（一八六四）八月には、四ヶ国艦隊の下関攻撃があり、その対応で柴田は、外国奉行として奔走した。慶応元年（一八六五）五月、横須賀造船所建設資材発注の用務を帯びてフランスに出張し、翌二年一月に帰国した。

本来ならば、森山多吉郎の動静を探るのが目的であるが、あまりにも資料が乏しいので、しばらく柴田剛中の動きを追ってみることにする。

慶応二年（一八六六）は、第二次長州出兵に始まり、将軍家茂が七月に亡くなるという慌ただしい中で、多吉郎の分野であるベルギーとイタリアとの通商条約調印の外交日程がこなされていた。帰国後の柴田の動静は分からないが、慶応二年十一月八日（一八六六年十二月十四日）には、柴田は勘定奉行の小栗忠順と同行してイギリス公使館にパークスを訪れている。慶喜は、慶応二年十二月五日（一八六七年一月十日）に将軍職に就任し、その挨拶のために諸外国の公使たちと謁見しようと、その式典の手配を柴田日向守剛中ら四人の外国奉行に命じていたのである。ところが、その二十日後に孝明天皇が急死し、謁見は無期延期となった。

結局、謁見の儀式は、慶応三年三月二十五日（一八六七年四月二十九日）のパークスとの公式謁見から四日間にわたって大坂城内において行なわれた。この時、通訳としてイギリス公使パークスには通訳官アーネスト・サトウが担当し、フランス公使ロッシュには塩田三郎が付いた。オランダ公使ポルスブルックには、通弁頭取役の西吉十郎が付いたと思われる。一日遅れて謁見したアメリカ公使には、誰が担当したか不明であるが、恐らく西吉十郎であったのだろう。西は、安政五年（一八五八）に長崎で英語伝習所が開設された時に、非常な秀才であったという楢林栄七郎と共に伝習所頭取に任命されている。この時、西二十三歳、楢林二十八歳であった。楢林は、その後非常なスピードで栄進したが万延元年（一八六〇）、僅か三十歳の若さで亡くなっている。一方、西吉十郎は、その後江戸に呼び出され、文久三年（一八六三）の遣欧使節（池田鎖港使節団）には通弁頭取役の資格で随行した。

森山多吉郎のこの頃の動きについては、はっきりしないが、アーネスト・サトウの『一外交官の見た明治維新』の中にそれと推測できる記事がある。それは、神戸開港後の十二月十三日（一月七日）のこと、「同日朝、外国使臣と老中の間に通訳をやっていた旧いオランダ学者森山が、慶喜が京都から退去したという報道を伝えにやってきた」と書いている。十三日に通訳をやっていたのか、（老中と外国使臣との）通訳をやっていた森山が十三日朝にやってきたのか判断できないが、ともかく森山多吉郎は、やはり重要な通訳として最後まで活躍していたのだろう。

慶喜と外国外交団との謁見後の祝宴の時には「森山は出席していた」と福地は記している。謁見の時に慶喜が「一八六八年一月一日に兵庫を開港し、大坂を開市する」と明言して、パークスたちを喜ばせた。

慶応三年五月十三日（一八六七年六月十五日）に柴田日向守剛中は、外国奉行と大坂町奉行を兼任して大坂・兵庫の居留地取扱いを命じられた。森山多吉郎は、この時に組頭として柴田を補佐することを命じられたのではないかと考えられる。時に、柴田四十四歳、森山四十七歳であった。こうして、二人の努力によって居留地造成工事は、十月十四日の大政奉還で徳川幕府が消滅してからも着々と進められ、予定通り慶応三年十二月七日（一八六八年一月一日）に開港式を挙げることができた。

時代の流れは、森山や柴田の働きを嘲笑うかのような勢いで流れていた。大政奉還のその日に討幕の密勅が薩摩・長州藩に渡され、さらに、兵庫開港の二日後、王政復古の大号令が出され、とうとう薩摩の挑発に乗った幕府は、慶応四年一月三日（一八六八年一月二十七日）京都の鳥羽伏見で薩長軍と戦って敗れた。

この激動の最中、前に述べたように森山多吉郎は、イギリス公使館通訳官のアーネスト・サトウを慶応三年十二月十三日（一八六八年一月七日）に大坂のイギリス領事館に訪れている。官位の辞退と領地の返上を命じられた前の将軍慶喜が、京都から大坂へ撤退することを知らせに来たのであった。この時の慶喜は、追い詰められてはいたが、まだ、前途にかすかな希望を抱いていた。大坂城に戻った慶喜は、十二月十六日（一月十日）には、諸外国の外交団を集め、「争いを避けるために京都を離れ、大坂に来たが、政治体制が最終的に決着するまで、自分が外交事務を担当する」と説明した。慶喜は、まだ平和裏に政治体制の移行が出来ると思っていたのであった。

しかし、薩摩藩の江戸での暴行に激高した幕府軍は、慶応四年一月二日（一八六八年一月二十六日）京都へ出撃して行き、ついに翌日、鳥羽伏見で戦端が開かれた。戦いは幕府側に不利に推移し、初めから戦意が無かった慶喜は、一月六日（一月三十日）ひそかに大坂城を脱出し、開陽丸で江戸へ帰ってしまった。一月七日（一月三十一日）には朝廷から「慶喜追討令」が出され、主を失った幕府側は、大混乱に陥り、次々と戦場から、大坂から逃げ出していった。

この時、諸外国の外交団は大坂に集まっていたが、この混乱の中で、大坂の外国人居留地の中で野宿同様の一夜を明かし、一月八日（二月一日）に軍艦に分乗して兵庫の居留地へと移って行った。この時、イギリスをはじめアメリカ、フランス、オランダ、プロシア（北ドイツ）、イタリアなど諸外国の外交団を迎え入れたのは、兵庫奉行柴田日向守剛中と副奉行（組頭）森山多吉郎であった。柴田らは、この居留地を外国外交団に委ねると、森山多吉郎の手配によってイギリス船オーサカ号を一日五百ドルで借り入れ、兵庫奉行所の役人を乗せて、一月十日（二月三日）の午後、港を出帆していった。

福地桜痴の『懐往事談』によれば、大坂城内に最後まで残っていた福地や西吉十郎らの外国方の通詞たちも、この時、オーサカ号に同乗して江戸に戻ったという。

江戸に逃げ帰ってから、三月十四日に江戸城が開城されるまで、幕臣たちは、連日城内に押しかけ、籠城か、恭順か、はたまた脱走かなどで議論に沸きかえっていたが、外国事務を担当する通弁役の外国方は、外交問題は、一政権のものではなく国家に関わる事柄であるから放置するわけにはいかないと、騒ぎをよそに引き継ぎの事務整理に勤めていたという。

このことから、外国方に勤める幕臣の多くが、そのまま新政府に採用されることになったと言われるが、森山多吉郎が、明治新政府に勤めた形跡はない。多吉郎の上司、柴田剛中も、四月には隠居願いを出して田舎に引込み、二度と新政府に仕えることがなかった。

＊注　五カ国の代表　イギリス・フランス・アメリカ・オランダの四カ国にプロシア公使も加わっていた。なお、ロシアは、通商問題よりも国境問題を重視していたので、他の諸国とは行動を共にしていなかった。

多吉郎の私生活

多吉郎は、外国奉行に昇進することはなかったが、ヨーロッパから帰国してからは、時間的なゆとりは持てるようになったようである。

元治元年（一八六四）に妻教子との間に待望の男子栄之助をもうけた。多吉郎は、帰国した翌年の文久三年（一八六三）に、勧める人がいて戸田藩士宮本氏の一女教子と結婚した。やっと江戸で家庭を持つゆとりが出てきたのである。多吉郎四十四歳であった。教子は、幾つであったかは分からない。

嘉永四年（一八五一）に長崎で長女静子を妻仲子（当時十七歳）との間に儲けたが、多吉郎が安政元年（一八五四）に二十歳の若妻と三歳の幼児を残して江戸に上ってから、一度も長崎に帰ることができなかった。文久三年（一八六三）に多吉郎が江戸で妻を娶った時、長崎に残された仲子は二十九歳、娘静子は十二歳になっていた。

この長い歳月を二人はどのように暮らしていたのか分からないが、乏しい資料から考えると、あと一人の息子幸之助がオランダ通詞森山家を継ぎ、身を立てていたようである。この幸之助については、今日の森山多吉郎の子孫が作る系図には含まれておらず、子孫の方々は、幸之助の存在そのものも疑っておられる。しかし、史料ではその存在は確実で『安政二年の万記帳』（長崎県立図書館発行）には「御年番処より用事切紙につき、横山熊之助差出候処。御普請役森山栄之助事多吉郎、大通詞相勤め候節、下され来たり候御扶持方受用銀渡し方並びに倅幸之助之身分に付仰せ渡され候、御書付壱通御渡しに相成り候に付、目付大小通詞江知らせる為廻文差出す」という記事がある。

これは、安政元年に森山多吉郎が幕臣になったので、オランダ通詞の株は息子の幸之助に引き継ぐというもので、幸之助は前年に十一歳で稽古通詞になっており、安政二年の十三歳の時にオランダ通詞森山家を正式に相続したということになる。

幸之助は、慶応元年（一八六五）の分限帳には小通詞末席となっている。稽古通詞から小通詞末席に昇進したのは文久元年（一八六一）十九歳の時であった。幸之助とほかの森山一族との縁が切れたのは、明治になってからと思われ、明治時代には横浜で通訳をしていたようである。

また、吉村昭氏の小説『海の祭礼』では、多吉郎は教子との結婚の折、長崎の仲子とは離縁したように書いているが、縁は切っていなかったのではないだろうか。それは仲子の子静子の子孫納富家と森山家は、今日でも親しい間柄であり、仲子と思われる墓が、東京雑司ヶ谷霊園の森山家墓地に残っていることからそのように考えられる。

その墓には「大正五年（一九一六）三月十四日没　享年八十二歳」と記されている。森山家の系図では、仲子は一八三四年生まれ、一九一六年没となっているので、雑司ヶ谷の墓の主は仲子と思われ、最後まで森山家から離れていなかったようである。

なお、蛇足であるが、多吉郎の姉美祢の墓も長崎の森山家墓地にあり「蓮香院妙楊日峰大姉　明治十二年（一八七九）八月十五日　森山美祢　七十一歳」とある（巻末資料参照）。このことから、姉美祢も、多吉郎が江戸に出たあと結婚することもなく残された家族四人（または三人）が身を寄せ合って暮らしていたものと思われる。

ここで森山幸之助について気になることは、幸之助が多吉郎の養子であるという説があることである。栄之助が出府する時に、オランダ通詞森山家の株を他家へ譲り渡したと考えるならば、森山家を継いだ幸之助は、長崎に残された仲子や一人娘の静子を扶養する義務は無かったと思われる。

『柴田昌吉伝』に、幸之助は、明治初年頃には、横浜に居たと書いている。また、『報道の先駆者福地桜痴』には、「栄之助こと多吉郎は、明治になって横浜に居を移し外国人相手の通弁をして暮らしを立てていた」と書いてある。二人とも同じころ横浜にいて、親子ならばなにがしかの交流がなければおかしい。しかし、そのような形跡は全く見られない。そうすると、幸之助は、名目だけのオランダ通詞の株を引き継いだものかも知れない。今後のさらなる資料の出現が待たれるところである。

あと一つ、多吉郎の子供について謎がある。それは、嘉永六年（一八五三）にロシア使節プチャーチンが長崎に来航してきた時、プチャーチンの秘書官であったゴンチャローフと交わした会話に出てくる。三十三歳の栄之助は、ブロークン・イングリッシュで話しかけいろいろなことを聞き出そうとしているが、その中で「世界一周をしてみたい」とか、「ロシアにはいい女がいない」などの話をしている。その中で、十か月になる女の子がいて、二、三日前に種痘をしてやったと言っているのである（『日本渡航記』）。

この嘉永六年に十か月の女の子がいることは、長女の静子が既に二歳であったから、妹ということになる。しかし、この女の子についての記録は全く見当たらない。もしも、この会話が本当だとすると、二番目の女の子は、栄之助（多吉郎）が江戸に去った後、亡くなったのかも知れない。

多吉郎の死

吉村昭の『海の祭礼』は、森山多吉郎のマクドナルドとの出会いを中心とする伝記的な小説であるが、明治四年三月十五日に五十一歳で亡くなった時の様子が詳しく記されている。煩を厭わずその部分を採録してみると次のように書いている。「新政府から役人の訪れがあって、森山に仕官の強いすすめがあった。外交問題は政府にとって最大の課題であり、英語に精通し多くの外交交渉に接してきた彼に対する期待は大きかった。しかし、かれは執拗なすすめにも応じず、首をふりつづけた。嘉永六年（一八五三）のペリー来航以来、幕府が倒れるまでわずか十五年であったが、かれは相次ぐ外交折衝に心身ともに疲れきっていた。年齢も五十歳になっていて、これ以上働く気力も体力も失われていた。かれは、家に引きこもったまま、外に出ることもなく、急に老いが訪れ、眼には、外交折衝の折に見られた鋭い光はみられなかった。（中略）心配した妻が、福地源一郎に話をし、福地が鶏卵を持って訪れてきた。森山は、ふとんの上に座ったが、福地をうつろな眼でながめ、話しかけても、わずかにうなずくだけで返事はしなかった。（中略）年があらたまってからは、失禁するのが常になった。唇の端からよだれが垂れていたが、それにも気づかないらしく、拭うこともしなかった。三月十四日の夕方から、昏睡状態におちいった。福地もやってきて、声をかけたが反応はなかった。翌日、森山の息は間遠になり、やがて絶えた。生命が燃えつきたような静かな死であった。」

しかし、森山の死は、このような姿ではなかったと考える。

明治四年に多吉郎が五十一歳で亡くなった時、後には七歳の男の子栄之助を頭に次女の吉（幸之助をはずし静子を長女としてみる）、三女の梅子、四女の秀と四人の幼い子供たちが残されていた。明治になって多吉郎が幕府の禄を失った時には、おそらく長男の栄之助と次女の吉、そうして妻教子の四人家族であったのだろう。三女と四女は、維新以後に生まれたのではないだろうか。

そのような多吉郎が、明治維新になって気力体力を無くしてしまったとは到底考えられない。明治政府に仕えなかったのも、気力が無くなったからではなく、倒れた幕府に殉じて、仕えることを潔しとしないと思ったからであろう。また、あと一つ言えることは、明治新政府は、旧幕臣であろうと若い人材は積極的に登用したが、年配の人間には非常に冷たかったことである。

確かに、幕末の頃の多吉郎は、四十代前半であったにもかかわらず老人のように見えた、と彼に接触した外国人は口をそろえて言っている。多吉郎自身も「度重なる厳しい外交折衝が、私をこんなに（老人に）した」と自嘲的に答えている。だからと言って、明治維新で、すべてのしがらみから解き放たれた時、彼はすべての気力を失ってしまったのであろうか。いや、むしろ新しい気力がよみがえってきたのではないだろうか。まだまだ、若い妻を愛する力も残っていた。

そもそも森山多吉郎という男は、酒を愛し、女を愛し、何よりも学ぶことを愛する一種のエピキュリアンであった。彼が、諸外国との条約締結のほとんどに関わるという、とんでもない修羅場に放り込まれたのは、開国という幕末の時代が、「森山多吉郎」というすぐれた才能を必要としたからであった。

明治維新により、彼は様々なしがらみから解放された。きっと、「これからは、自分の思うがままに生きることができる」という喜びを感じたに違いない。

しかし、彼の肉体は、思いのほか多年にわたる激務によって蝕まれていた。彼の死は突然やってきたのである。『報道の先駆者　福地桜痴』には、「森山が維新後、横浜に居を移して通弁その他によって生活していたが、急に死んだという報知を得て（その時、福地は岩倉使節の一行について外遊中であった）直ちに、その子を自宅に引き取って育てた」という記述がある。

この川辺眞蔵氏の記述には、福地の行動について思い違いがあるようで、福地は、明治三年に伊藤博文に知られ、大蔵省の官吏として十二月に渡米し、明治四年六月に帰国した。岩倉使節団には、この年、明治四年十二月に書記官として随行し、二年後の明治六年に帰国している。森山多吉郎が亡くなったのは、明治四年三月十五日であったから、福地が渡米していた時であった。おそらく、当時の通信事情の悪さから、森山の死は、帰国後の六月に聞いたのであろう。

多吉郎の未亡人教子が四人の子供を抱えて、途方に暮れていることを聞いて、福地はすぐさま長男の栄之助と三女の梅子を引き取り、梅子を自分の養女とした。梅子は成人の後、福地のかつての同僚であった西吉十郎（成度と名乗り、大審院院長になった）の息子成一と結婚している。

次女吉と四女秀は、教子が、実家宮本家の援助を受けながら育てたのであろう。ところで、四人の異母姉である長女の静子について触れなければならないが、静子は長崎での妻仲子に育てられていた。多吉郎が亡くなった明治四年には二十歳になっていた。なお、明治六年に夫納富介次郎との間に長男磐一をもうけている。介次郎との結婚の年月日は分からないが、恐らく、子供の出生の月日から考えて、多吉郎が亡くなる前後のころではなかったかと思われる。

納富介次郎は、日本の近代工芸デザインの創始者として有名で、後年、金沢区工業学校、富山県工芸学校、香川県工芸学校、佐賀県工業学校の校長を歴任している。介次郎は、長崎とはゆかりが深く、父は、佐賀小城藩士柴田花守で、花守は、長崎の丸山で端唄「春雨」を作詞し、長崎の中心街に「春雨通り」の名を残している。

納富家に養子に入った介次郎は、文久二年（一八六二）十八歳の時、長崎奉行が仕立てた貿易御試船「千歳丸」で、上海に渡り、草稿ながら「上海雑記」を著した。介次郎は、幕末、慶応二年（一八六六）ころから病気がちで故郷小城で療養に努めていたが、明治元年（一八六八）に長崎に出てきた。このころ静子親子と知り合ったのではないだろうか。明治二年からは貿易に関わる仕事をし、明治四年にはじめて東京に出て、横浜で貿易の実務を学んだという。

仮定の話ばかりで恐縮ではあるが、介次郎は、新妻静子とその母仲子を伴って上京したのではないだろうか。多吉郎は、生前二人と対面することができたのであろうか。微妙ではあるが、まだ、元気であった多吉郎と会うことができたのではないだろうか。そのように考えるのは、介次郎・静子夫婦の次男守次が長崎の森山家を継いでいることである。また、東京雑司ヶ谷にある森山家と納富家の墓地は、近接していることなどから、上京した時に会ったかは分からないが、いずれにしても多吉郎は、仲子や静子と別れていてもつながりを持っていたことは確かである。

おわりに――福地桜痴と森山多吉郎

森山多吉郎（栄之助）五十一年の人生で、個人的に最も深いかかわりをもったのは、福地源一郎（桜痴）である。

二人の出会いは、安政六年（一八五九）のことで、源一郎十八歳の時であった。二年前、人も認め、自らも秀才、いや天才をもって任じていた源一郎は、あまりの生意気さに養子先のオランダ通詞の名村家から離縁され、長崎奉行所お抱えの医師であった父福地苟庵《こうあん》の伝手により、第一期の海軍伝習を終えて江戸に廻航される観光丸に乗って上府してきた。

江戸に着いた源一郎は、外国奉行の水野筑後守忠徳の屋敷に転がり込んだ。水野が長崎奉行をしていた時からの知り合いであった。長崎でオランダ稽古通詞を勤めていた源一郎は、オランダ語は誰にも負けないと自信満々であったが、オランダ語ではなく、英語の時代になりつつあることにすぐに気が付いた。

当時、江戸では、英語ができるのは、森山多吉郎（栄之助）とアメリカ帰りの中浜万次郎（ジョン・万次郎）の二人だけであるということで、源一郎は、二人について英語を学ぶことにした。これが福地と森山多吉郎（栄之助）の出会いであった。多吉郎は、長崎の後輩で、非常な秀才であった源一郎をたいへん愛し、外国奉行の通弁方に推薦した。そうして十八歳の源一郎は、外国奉行支配同心（三十俵二人扶持）のれっきとした幕臣となったのである。

ところで肝心の英語修業は、多吉郎（栄之助）のもとでは思うように進まなかった。結局は、自分で努力して勉強するよりなかったのであるが、これは、多吉郎（栄之助）が、当時あまりにも忙しかったからであった。

福地源一郎と生涯の親友となった福沢諭吉も、同じ時期に森山の門を叩いているが、その時のことについて『福翁自伝』の中で次のように書いている。

「森山の言うには「昨今御用が多くて大変忙しい、けれども折角習おうというのならば教えて進ぜよう。ついては毎日出勤前、朝早く来い」ということになって、そのとき私は鉄砲洲に住まっていて、鉄砲洲から小石川まで頓て二里余もありましょう。毎朝早く起きて行く。ところが「今日はもう出勤前だからまた明朝来てくれ」と言われて、明くる朝早く行くと、「人が来て出来ない」と言う。如何しても教えてくれる暇がない。ソレは森山の不親切という訳ではない。条約を結ぼうという時だから、なかなか忙しくて実際に教えてくれる暇がありはしない。そうすると毎朝来て何も教えることが出来んでは気の毒だ、晩に来てくれぬかと言う。ソレじゃ晩に参りましょうと言って、今度は日暮れから出掛けて行く。（中略）この夜稽古も矢張り同じことで、今晩は客がある、イヤ急に外国方（外務省）から呼びに来たから出て行かねばならぬというような訳で、頓と仕方がない」

多吉郎（栄之助）には語学を指導する気持ちは十分に持っていた。しかし、この時の多吉郎（栄之助）にはあまりにも時間がなかった。彼の開いた塾の門を叩いた者は、この二人のほかに津田仙、須田時一郎、沼間守一、家永市造など明治時代それぞれの立場で活躍した人物がいた。

福地は、文久元年（一八六一）六月に森山の世話で江戸の商家の娘「さと」と結婚している。結婚したその年の十二月に福地は、竹内遣欧使節に通弁方として随行しているが、これも森山の推薦があったものと思われる。なお、森山自身もひと月ほど遅れて、使節団に合流し帰国まで行動を共にしている。

幕府が瓦解し、慶喜をはじめ幕臣たちが江戸に逃げ帰った時、しんがりとなったのが森山多吉郎らの兵庫奉行所の一行で、福地たちもイギリス船オーサカ号で一緒に戻っている。

明治になってからは、それぞれの身のふり方で忙しく、多吉郎（栄之助）が亡くなるまで会うことはなかったようである。なかでも福地の明治維新の数年間は波乱万丈で、明治元年には『江湖新聞』を発行し、官軍を批難して捕われ、筆禍第一号として危うく殺されそうになった。

幸い友人たちの運動で釈放され、静岡へ移ったが、すぐに東京に戻ってきて、翻訳などで暮らしを立てていた。そのうち福沢諭吉や松本良順などの話から触発されて日新社を設立し語学の指導をしておおいに成功した。しかし、すぐにそれにも飽いて、再び翻訳生活に戻ったところ、渋沢栄一の紹介で、伊藤博文の知遇を得、明治三年十一月に伊藤に同行してアメリカに渡った。帰ってきたのは明治四年の五月とか六月とかいわれている。

一方、森山多吉郎（栄之助）の維新以後の動静は、一向に分からない。おそらく川辺眞蔵氏の言うとおり、妻子を伴って横浜へ行き、暮らしのために通弁をしながらも、心穏やかな生活を営んでいたのであろう。

森山多吉郎（栄之助）は、明治になって早くも人々から忘れられてしまった。福地源一郎（桜痴）も、東京日日新聞の社長として大いに論陣を張って人気を博したが、死後は、早くも忘れられた存在となってしまった。

福地桜痴についてはは別の機会に論じるとしても、森山多吉郎（栄之助）の幕末における条約締結で果たした功績は、忘れ去られるべきではない。

十九世紀末、アジアの国々が次々と欧米の列強の餌食となっていった中で、日本が独立国として明治時代を迎えることができたのは奇跡的であったと言われる。泰平の夢をむさぼっていた日本に、アメリカやイギリスの外圧の荒波が押し寄せてきたとき、阿部正弘ら歴代の老中、岩瀬忠震ら外国奉行、そうして通訳として活躍した森山多吉郎（栄之助）らの働きで、当時としては出来うる限りの通商条約を結び、日本を侵略から救うことができた。

明治以後、これらの条約は不平等条約として非難の的となり、明治時代は条約改正を軸に動いていった。そうして、条約締結に尽力した人々は、無能な人物として無視され忘れ去られていった。

はたしてそうであろうか。通商条約に「修好」の冠がつけられているが、虎狼のような欧米諸国と「修好通商条約」を結んだことによって、その後、日本で攘夷運動が燃え盛っても、日本に戦争を仕掛ける口実を作ることができなかったのである。もちろん、イギリスは中国を侵略するのに忙しかったという事情があったにせよ、いったん、対等の国家として条約で認めたからには、名目の立たない戦争を仕掛けることはできなかったのである。

治外法権や関税自主権については、日本側の無知や手落ちがあったにせよ、その弊害を食い止める手立てを、ハリスやオールコックなど欧米の強硬な主張に対しても抵抗し、居留地以外には外国人は住めないとか、輸入税も最大二十パーセントにするとかなどを通商条約の内容に盛り込んでいた。

それらが次第に後退し、不平等性が拡大していった責任は、攘夷運動にあった。「日本を焼土にしても、外国人を打ち払え」と、あたかも第二次大戦末期に日本軍部が叫んだようなことを幕府に強要し、攘夷を決行したことによって、次々に譲歩を余儀なくされていったのである。

今日、公式に語られている日本の歴史は、江戸幕府を倒した明治新政府を擁護し顕彰するために編まれたものである。大戦後、かなり公平な歴史が語られるようになったが、まだまだ、明治新政府礼賛、薩長礼賛の影は色濃く残っている。

もう明治は百年を越えてはるかに遠くなっている。今こそ、幕府のしたこと、明治政府のしたことなど、冷静に公平な眼で探っていかなければならない。

私は「森山多吉郎（栄之助）」の伝記を綴るに当たって以上のようなことを思っている。

森山栄之助(多吉郎)年譜〈外国奉行任免記録付き〉

文政三年(一八二〇)　〇歳
六月一日、長崎馬町で生れる。父・茂七郎(源左衛門)(四十三歳)、小通詞末席。
母・龍(三十二歳)、姉・美祢(十一歳)。

文政五年(一八二二)　二歳
イギリス捕鯨船サラセン号、浦賀に入港。薪水を要求。馬場佐十郎通訳する。

文政六年(一八二三)　三歳
父、茂七郎(四十六歳)小通詞並となる。

文政七年(一八二四)　四歳
イギリス捕鯨船、常陸国大津浜に上陸。薪水を要求。吉雄忠次郎通訳する。

文政八年(一八二五)　五歳
異国船の打ち払いを令する(無二念打ち払い令)。

文政十一年(一八二八)　八歳
シーボルト事件起こる。父　源左衛門(五十一歳)は関係しなかった。

天保二年(一八三一)　十一歳
二月、イギリス船エゾ地に来る。五月、吉雄権之助、病没する(四十七歳)。この頃、栄之助、稽古通詞となったと思われる。オランダ通詞の子弟は、十歳を過ぎると稽古通詞や見習となるものが多かった。

天保三年(一八三二)　十二歳
七月、イギリス船、琉球に漂着。

天保四年(一八三三)　十三歳
『ズーフハルマ』完成する。

天保八年(一八三七)　十七歳
父、大通詞助源左衛門(六十歳)、小通詞名村

元次郎のサフラン購入代金未納事件に連座して急度叱りを受ける。六月、アメリカ船モリソン号、浦賀に来航、幕府入港を拒否し砲撃する。七月、モリソン号薩摩山川港に入港、薩摩藩砲撃する。

天保十一年（一八四〇）　二十歳

高島秋帆、天保上書を提出する。

天保十二年（一八四一）　二十一歳

十一月、栄之助おゆふと離縁する（去状あり）。

天保十三年（一八四二）　二十二歳

長男幸之助生れる（離縁したおゆふの子か？）。

天保十四年（一八四三）　二十三歳

浦賀へ出張する。

弘化元年（一八四四）　二十四歳

オランダ使節コープス来航する。この時応対の通詞は楢林鉄之助、森山源左衛門（六十七歳）。

弘化二年（一八四五）　二十五歳

三月、浦賀に米船マンハッタン号入港。栄之助（小通詞並）通訳する。「英語も少しばかり解するが、ジャスチャが甚だ巧みである」と評される。年番通詞・大通詞森山源左衛門（六十八歳）、小通詞森山栄之助（二十五歳）・栄之助はマンハッタン号出港後、長崎に戻ったのであろう。七月四日、英国測量船サマラン号、長崎に入港。七月八日出港。

弘化三年（一八四六）　二十六歳

六月六日、フランス軍艦三隻、入港。六月九日、出港。ビットル率いるアメリカ艦隊、浦賀へ入港。浦賀詰通詞堀達之助が通訳。

弘化四年（一八四七）　二十七歳

春、捕鯨船ローレンス号の船員七名、長崎に送られてくる。通訳、オランダ商館長レフィスゾーン、和訳、本木昌左衛門、楢林鉄之助、森山栄之助応対。

嘉永元年（一八四八）　二十八歳

四月十九日、父、源左衛門没する（七十二歳）。八月、ラゴダ号の船員十五名、長崎に送られてくる。マクドナルド、長崎に送られてくる。栄之助たち十四名の通詞が英会話を学ぶ。

嘉永二年（一八四九）　二十九歳

四月アメリカ軍艦プレブル号入港し、漂流民を受け取る。栄之助通訳して名を挙げる。

嘉永三年（一八五〇）　三十歳

アメリカ捕鯨船ポカホンタス号乗組み員三名が長崎に送られ、帰帆のオランダ船で送り返される。

嘉永四年（一八五一）　三十一歳

栄之助、西吉兵衛・楢林栄七郎・名村五八郎たちと共に英語辞書の編集に取り掛かる。妻・仲子（十七歳）との間に長女静子が生まれる。

嘉永五年（一八五二）　三十二歳

年番大通詞、西吉兵衛（四十一歳）、年番小通詞、栄之助。八月二十六日、母龍没する（六十六歳）。

嘉永六年（一八五三）　三十三歳

六月三日、ペリー、浦賀に来航。堀達之助（三十歳）通訳する。七月十八日、プチャーチン、長崎に来航する。八月二十五日、栄之助江戸から着任する（ペリー来航のため江戸へ急行していたが、ペリー退去のため再び新任奉行水野筑後守と共に長崎に向かった）。栄之助大通詞に昇任する。長男、幸之助（十一歳）、稽古通詞となる。栄之助に女児生れる（十ヶ月で種痘を受けさせた。系図上は不明、長女静子は二歳）。

安政元年（一八五四）　三十四歳

一月八日、ロシア軍艦長崎を退去する。一月十六日、ペリー、神奈川に来航する。二月五日、栄之助、長崎から神奈川に着任。通詞団首席となる。三月三日、日米和親条約を締結。五月、小通詞本木昌造、長崎から着任。八月二十三日、日英和親条約を長崎で締結する。十月十七日、栄之助、大通詞過人から幕臣となり普請役三十俵三人扶持を給される（この時、多吉郎と改名したらしい）。十一月四日、安政の大地震、下田大津波に襲われる。十二月二十一日、日露和親条約を締結（森山通訳）。その後、森山・本木、ヘダ号建造の監督にあたる。

安政二年（一八五五）　三十五歳

四月七日、本木昌造、楢林量一郎と交代し、長崎へ帰る。十月十五日、日仏和親条約締結。

安政三年（一八五六）　三十六歳

七月二十一日、米国総領事ハリス、下田に来航し駐在する。栄之助七月二十四日に江戸から着き、翌二十五日に下田奉行岡田備後守と共にハリスと会見した。ハリスの日記「会見の場に上席通訳（森山）が列席した。彼は外国事務相の役宅付けの者で、いたって気持ちの良い態度と真の丁寧さを持った立派な通訳である」

安政四年（一八五七）　三十七歳

一月二十六日、「森山多吉郎日記」を書きはじめる。二月一日、ドンケル・クルチウス、アロー号事件について長崎奉行に知らせ、通商開始を勧告する。五月二十六日、井上信濃守・中村出羽守為弥とハリスとの間に下田条約（九ヶ条）が結ばれる（森山多吉郎担当、通訳と翻訳など条約文の作成）。

安政五年（一八五八）　三十八歳

四月二十三日、井伊直弼、大老となる。六月二十三日老中堀田備中守正睦免じられる。六月十九日、日米修好通商条約調印。七月八日、外国奉行制度始まる（水野筑後守忠徳、永井玄蕃頭尚志、堀織部正利熙、井上筑後守清直、岩瀬肥後守忠震の五人が任命される）。七月十日、日蘭修好通商条約調印。七月十一日、日露修好通商条約調印。七月二十日、日英修好通商条約調印。九月三日、日仏修好通商条約調印。

安政六年（一八五九）　三十九歳

この頃、英語塾を開いていた（塾生＝津田仙、須藤時一郎、冨永市造、沼間慎一郎、福沢諭吉）。多吉郎、外国奉行支配調役並格となる。〈この年の外国奉行の異動〉酒井隠岐守、加藤正三郎、任命される。外国奉行から永井尚志と井上忠徳が、軍艦奉行と小普請奉行へ転出。新見豊前守外国奉行任命（遣米使節として）。溝口讃岐守、赤松左衛門尉外国奉行に任命される。十月、加藤壱岐守外国奉行から転出する。井上忠徳、外国奉行と西丸留守居を兼任する。十二月、竹本図書頭、外国奉行と神奈川奉行の兼任となる。松平石見守外国奉行に任命される。

万延元年（一八六〇）　四十歳

一月十三日、遣米使節出発。通訳はポーハタン号に名村五八郎（三十四歳）、立石得十郎（三十二歳）、立石斧次郎（十七歳）。咸臨丸に中浜万次郎。三月三日、桜田門外の変（大老井伊直弼殺害される）。老中首座に安藤信正がなる。六月十七日、日葡修好通商条約調印。七月から日普交渉が始まる。通訳は日本側多吉郎、プロシア側ヒュースケン（アメリカ公使館通訳官）。〈この年の外国奉行の異動〉四月、鳥居権之助外国奉行に任命される。赤松左衛門尉、病気につきお役御免、酒井隠岐守、勘定奉行へ転出、松平石見守、外国奉行を解き神奈川奉行のみになり、溝口讃岐守、御書院番頭へ転出し、小栗豊後守が任命される。十一月二十日外国奉行堀織部正、自殺する。十二月四日、日普修好通商条約調印。十二月十三日、外国奉行津田近江守、箱館奉行と兼任し、野々山丹後守任命される。

文久元年（一八六一）　四十一歳

森山幸之助（十九歳）小通詞末席となる。〈この年の外国奉行の異動〉一月、滝川播磨守、神奈川奉行に転出し、桑山六左衛門任命される。三月、高井丹波守、御先手へ転出し、勘定奉行竹内下野守、外国奉行兼任となる。五月、水野筑後守、外国奉行専任となる。八月、竹本隼人正正明任命される。九月、桑山左衛門尉、奈良奉行へ転出する。十月、一色山城守任命される。根岸肥前守勘定奉行へ移る。十一月、岡部駿河守任命される。十二月二十二日、竹内遣欧使節出発。福地源一郎・福沢諭吉らが通訳として随行する。

文久二年（一八六二）　四十二歳

一月十五日、坂下門外の変、老中安藤信正傷つく。二月二十一日　森山多吉郎、安藤信正の特命を受け、オールコックと同行し横浜を出帆する。五月二日　森山多吉郎、イギリスで竹内使節団と合流する。〈この年の外国奉行の異動〉六月、野々山丹後守御先手へ、新見伊勢守御側へ、岡部駿河守大目付へ転出する。七月、岡部駿河守、外国奉行兼任になる。大久保越中守、大目付・外国奉行兼任から御側御用取扱へ、竹本図書頭、神奈川奉行兼任となる。七月十三日、水野筑後守、箱館奉行へ転出するが、間もなく辞任、隠居する。閏八月、斎藤摂津守任命され、津田近江守、勘定奉行へ転出する。十月、田澤対馬守、御作事奉行へ転出する。十二月、井上信濃守清直、町奉行へ、斎藤摂津守、御小姓番頭へ転出し、松平石見守、外国奉行専任となる。柴田剛忠、外国奉行並になる。十二月九日、竹内遣欧使節、帰国する。森山は長年の功績により外国奉行通弁役頭取に任じられる。

文久三年（一八六三）　四十三歳

二月二十三日、将軍家茂、上洛の途につく。七月二日、薩英戦争。この年、森山多吉郎、宮本教子と結婚する。多吉郎にとって久しぶりにゆっくりとした年ではなかったか。スイスとの通商条約調印。

元治元年（一八六四）　四十四歳

宮本教子との間に栄之助が生れる。一月二十四日、オールコック帰任する。〈この年の外国奉行の異動〉三月、土屋豊前守民部転出する。五月、小笠原摂津守、新番頭格御小姓へ転出。町奉行の佐々木信濃守、外国奉行兼任となる。七月二十四日、第一次長州征伐命令。八月五日、馬関戦争始まる。九月下旬、森山多吉郎、オールコックを訪ねる。森山は、帰国後、攘夷派の襲撃を避けて身を隠していた。一時「通商使節」の名目で上海へ行ったが、通詞として外交折衝の表舞台にでることは無かった。オールコックは、帰任後森山の動静を尋ね続けていたが。いっこうに消息がつかめなかった。

慶応元年（一八六五）　四十五歳

閏五月十六日、パークス横浜に着任。九月十三日、四カ国艦隊、大阪湾に向う。十六日、大阪湾に集結する。森山多吉郎（四十五歳）、兵庫へ出張する。森山幸之助（二十三歳）は小通詞末席（長崎地役人分限帳）。

慶応二年（一八六六）　六月　ベルギーとの通商条約調印。七月、イタリアとの通商条約調印。

〈この年の外国奉行の異動〉八月、朝比奈甲斐守、勘定奉行と外国奉行兼任に、小出大和守は外国奉行と箱館奉行兼任になり、九月、平山図書頭、向山隼人正が任命され、十月、石野筑前守、作事奉行、浅野美作守勘定奉行へ転出する。

慶応三年（一八六七）　四十七歳

十二月七日、兵庫開港。兵庫奉行に柴田日向守、組頭に森山多吉郎が任じられる。

慶応四年（一八六八）　四十八歳

正月三日、鳥羽伏見の戦いで、五日に幕府軍敗れる。十日、兵庫奉行柴田日向守、組頭森山多吉郎、イギリス船で江戸に逃れる。西吉十郎・福地源一郎ら通詞団も同行する。

＊注　明治時代の森山多吉郎の動向は不明であるが、通弁その他で生活していたとの記録がある又、元治元年（一八六四）から明治四年（一八七一）の七年間に、七歳の栄之助を頭に四人の子供をもうけている。

明治四年（一八七一）　五十一歳

三月十五日、森山多吉郎、横浜で急死する。

（外国奉行については、続徳川実記の記録によっている。続徳川実記は不完全であるため脱漏が多い）

〈参考文献〉と〈資料〉

「森山多吉郎日記」（コピー）（＊①）（納富信吉氏所蔵）

「阿蘭陀人献上物為付添江府表へ罷越候処臨時豆州戸田村御用出役蒙仰御右御用済之上又々下田表え出役致候様被仰渡右往返諸勘定並江府表滞留中諸書留」（＊②）楢林量一郎（長崎歴史文化博物館蔵）

「森山栄之助の去状（天保12年）」（＊③）（長崎歴史文化博物館蔵）

『安政二年の萬記帳』（長崎県立図書館、平成十三年）

『大君の都』上下　オールコック著、山口光朔訳（岩波文庫、一九六二年）

『日本滞在記』ハリス著、坂田精一訳（岩波文庫、一九五三年）

『ヒュースケン日本日記』ヒュースケン著、青木枝朗訳（岩波文庫、一九八九年）

『懐往事談』福地桜痴（大空社、一九九三年）

『幕末政治家』福地桜痴（平凡社、一九八九年）

『幕府衰亡論』福地桜痴（平凡社、一九九四年）

『日本国史大系徳川実記　続第3・4・5巻』黒板勝美（吉川弘文館、昭和五十一年）

『ペリー日本遠征随行記』ウイリアムズ著、洞富雄訳（雄松堂書店、昭和四十八年）

『日本渡航記』ゴンチャローフ著、高野明・島田陽訳（雄松堂書店、昭和四十八年）

『エルギン卿遣日使節録』オリファント著、岡田章雄訳（雄松堂書店、昭和四十三年）

『オイレンブルグ日本遠征記』オイレンブルグ著、中井晶夫訳（雄松堂書店、昭和四十四年）

『アンベール幕末日本図絵』アンベール著、高橋邦太郎訳（雄松堂書店、昭和四十八年）

『長崎県人物伝』長崎県教育会（臨川書店、昭和四十八年）

『長崎分限帳　慶応元年』越中哲也（長崎歴史文化協会、昭和六十年）

『長崎洋学史』古賀十二郎（長崎文献社、昭和五十八年）

『長崎日記・下田日記』川路聖謨（平凡社、昭和四十三年）

『日本回想記』ラナルド・マクドナルド著　冨田虎男訳訂（刀水書房、一九七九年）

『遠い崖（一外交官の明治維新）』萩原延寿（朝日新聞社、二〇〇八年）

『一外交官の見た明治維新』アーネスト・サトウ著　坂田精一訳（岩波書店、一九六〇年）

『幕末五人の外国奉行』土居良三（中央公論社、一九九七年）

『幕末遣外使節物語』尾佐竹猛（講談社、一九八九年）

『柴田昌吉伝』岩崎克巳（一誠堂、昭和十年）
『報道の先駆者　福地桜痴』川辺眞蔵（三省堂、昭和十七年）
『近世日本国民史　遣米使節と露英対決編』徳富蘇峰（講談社、一九九一年）
『幕末欧州見聞録　尾蝿欧行漫録』市川清流　楠家重敏編訳（新人物往来社、一九九二年）
『福翁自伝』福沢諭吉（岩波書店、一九八六年）
『納富介次郎と4つの工芸・工業学校』展図録（佐賀県立美術館・高岡市立美術館、二〇〇〇年）
『黒船』吉村昭（中央公論社、二〇〇五年）
『海の祭礼』吉村昭（文春文庫、二〇〇四年）

＊①森山多吉郎日記

この日記は、安政四年に森山多吉郎が下田においてアメリカ使節ハリスと応接した時の内容を日記的に記録（安政四年正月二十六日～十月二十三日）し、老中堀田正睦に送ったものである。この日記については、東京大学の金井圓教授が詳しく調べ「夢物語―『森山多吉郎日記』のこと―」に述べているが、それによると、千葉県史料近世編「堀田正睦外交文書」の中に「森山多吉郎アメリカ使節応接記」（原題、御内々奉申上候書付）と文部省維新史料引継本「森山多吉郎日記」の二つの系統があるという。そうして文部省引継本は、維新史料編纂会が大正六年に納富介次郎所蔵原本を借用して筆写したものであるという。惜しくもこの原本は関東大震災で失われてしまったが、筆写本は原本を忠実に伝えているものと考えられ、納富本と呼ばれている。

今回、著者が引用したものは、この納富本である。なお、佐倉本（千葉県史料）と納富本とは多少の異同があるが、それは、金井氏によると「佐倉本が、納富本を土台とし、幕府へ別途報告した部分を若干削除した上、言葉遣いを改めて、堀田正睦にあて「御内々奉申上候書付」として安政四年三月二十六日に書き上げて、江戸に送ったものであることを物語っている」ということによるものである。

＊②「阿蘭陀人献上物為付添江府表へ罷越候処臨時豆州戸田村御用出役蒙仰御右御用済之上又々下田表え出役致候様被仰渡右往返諸勘定並江府表滞留中諸書留」

阿蘭陀小通詞の楢林量一郎が、安政二年に江戸から帰る途中、病気の本木昌造に代わって下田出役を命じられ、彼自身も病気になって長崎に戻るまでの日記や会計などの細々とした記録である。

＊③森山栄之助の去状

この離縁状は、長崎歴史文化博物館に所蔵されているもので、森山栄之助の花押が記されている。

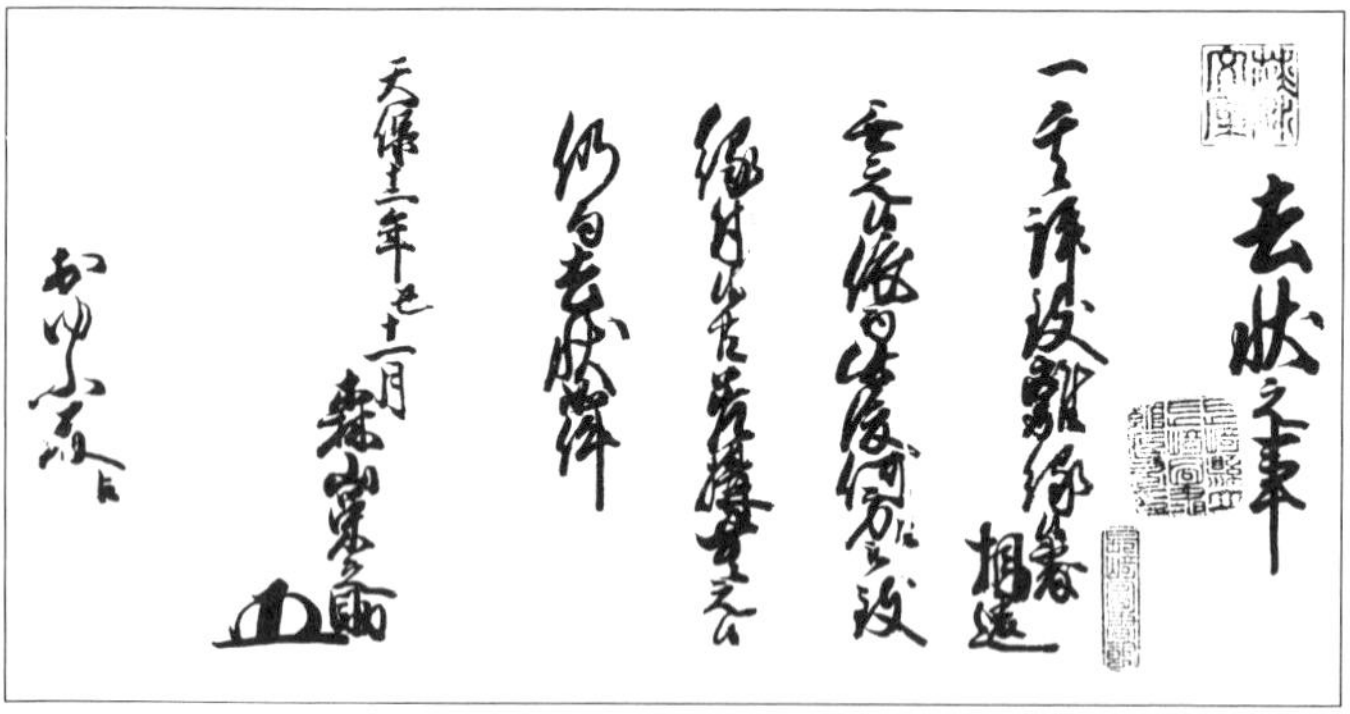

森山栄之助の去状（長崎歴史文化博物館蔵）

〔参考1〕 続徳川実記の内容と外国奉行、森山多吉郎について

徳川実記は正十巻と続五巻の十五巻からなり、徳川十五代の将軍の編年記である。一巻ごとに、その将軍の生涯が綴られ、特に将軍職に就任してからは、毎日の記事が網羅されている。江戸時代の研究をするには最高の文献であるが、実は、日日の記録が完全に揃っているのは十代将軍家治まででである。十一代家斉から最後の十五代慶喜までは、『続徳川実記』として諸書から記録を集めて編纂した。十一代家斉と十二代家慶までは、いちおうの編纂が完成したが、十三代家定、十四代家茂、十五代慶喜の三代においては、『続徳川実記』の凡例によると「家定以後に於いては、ただ資料を按配し、簡単なる綱文を附したるに過ぎず、中には未だ資料の刪定を終わらずして綱文に及ばざるものあり、もとより未定稿に属すと（後略）」と毎日の記録を埋めることができなかった。

特に、幕末の十四代将軍家茂と最後の慶喜の巻は、騒然たる時代を反映して、何日も何か月も記録されていないところがある。例えば、第四編の昭徳院（家茂）の実記は、文久元年（万延二年）正月から慶応二年九月九日までの九八八頁にわたる大部の記録であるが、文久三年六月十六日に大坂から江戸城に戻ってきてから、その年の大晦日までの約半年の記録が抜けている。また、翌元治元年は、正月から五月までは断続的に記録されているが、六月から翌慶応元年五月十五日までの一年近くの記録がすっぽりと抜け落ちている。

このように、森山多吉郎は、主に家定・家茂・慶喜の三代の将軍が在任中に活躍しているために、残念ながらその進退・行動などに『徳川実記』は、記録するところが少ない。

また、外国奉行についても、その任免についてはきちんと記録されなければならないのであるが、『続実記』に欠けた部分が多いためにその全容を明らかにすることができない。

〔参考2〕 江戸時代の外交官（外国との交渉を担当した人々）

外交官とは、国交がある国と交渉をしたり、相手の国に駐在したりして自国の国益を守る任務を持つ官吏のことである。江戸時代、日本は鎖国していた、つまり外国と国交をもっていなかったから、原則的には外交官は存在しなかった。

わずかに、朝鮮国とは、将軍の代替りの時には祝賀の使節（朝鮮通信使）がやってきていたので、細いパイプではあるが国交があったことになる。通信使は慶長十二年（一六〇七）から文化八年（一八一一）までの約二〇〇年間に十二回来朝しているが、その応接は対馬藩が担当していた。だから強いて言えば対馬藩の担当者が、江戸時代の外交官と言うことができる。なかでも対馬藩の儒学者「雨森芳洲」は、日本国と朝鮮国との信頼関係を築いたことで有名である。

オランダや中国とは、正式な国交はなく民間レベルの通商だけが特例として許されていただけであった。その取引も対等な関係ではなく、長崎奉行の監督支配のもとで行なわれていたもので、外交と言えるものではなかった。また、オランダや中国以外の船が日本に来航してきた時には、幕府はそれを異国の侵入と受け止め、臨戦態勢で交渉をした。話し合いの必要が生じた時には、異国船を長崎に廻航させ、交渉は長崎奉行と江戸から派遣された上使との間で行なわれることが多かった。

安政五年（一八五八）にアメリカとの間に修好通商条約が結ばれ、諸外国との国交が始まると、そのための専門官の設置が必要となった。この国交を担当する奉行を「外国奉行」、そのための部局（役所）を「外国方」と言い、森山多吉郎をはじめ多くの通詞や洋学者が配置された。福沢諭吉などもその一人である。

1　晴心院茶山日勇居士（森山多吉郎）
森山憲直
明治四年三月十五日逝
文政三年六月一日生

2　恵心院行誉師優居士（森山源左衛門直正）
蓮乗院殿貞龍日輝大姉（森山源左衛門妻龍）

3　顕信院義道日仁居士（森山金左衛門正純）

4　顯光院瞭瞻日遍居士（森山徳太輔政美）
偏照院貞輝日宝信女（森山徳太輔妻）

5　本還院夏山玄純居士（森山太吉郎玄純）
了還院映山妙春信女（森山太吉郎妻）

6　諦誉義勇居士（森山儀助元豊）
覚誉妙顔善女（森山儀助妻い志）

7　早受抉子（森山豊之郎）

8　奉書寫大桒妙典（三郎

9　蓮香院妙楊日峰大姉（森山美祢）

□　刻字不明

石塔配列扱い各石塔刻字一覧表にて遺骨判明せざる分に於てはその直下の土をとれり。

改葬される前の森山家墓地図

墓地の片隅に整理された森山多吉郎憲直の墓石。この右に父・源左衛門と母・龍の墓石がある（長崎市、本蓮寺の墓地）

〈著者略歴〉

江越弘人（えごし・ひろと）

昭和十年、長崎市（旧高浜村）生まれ。
昭和三十四年、長崎大学学芸学部卒業。
長崎県公立学校教員（小学校）を歴任。
平成八年、定年退職（最終勤務校、長崎市立鳴見台小学校）
現在、長崎の歴史と史跡について講演やガイドを精力的に行なっている。

〔主な著書〕
『白帆注進』（共著、長崎新聞社）
『逃げる男　活版印刷の祖本木昌造』（長崎新聞社）
『《トピックスで読む》長崎の歴史』（弦書房）
『異国船渡来雑記』（共著、長崎文献社）

幕末《ばくまつ》の外交官《がいこうかん》　森山栄之助《もりやまえいのすけ》

二〇〇八年六月二〇日第一刷発行
二〇〇九年五月二五日第三刷発行

著　者　江越弘人《えごしひろと》
発行者　小野静男
発行所　弦　書　房
（〒810・0041）
福岡市中央区大名二－二－四三
ELK大名ビル三〇一
電　話　〇九二・七二六・九八八五
FAX　〇九二・七二六・九八八六

印刷　大村印刷株式会社
製本

ISBN978-4-86329-003-7　C0021